suhrkamp taschenbuch 4722

»*Hellwach gehe ich schlafen*« präsentiert eine Auswahl von hundert Gedichten aus vier Jahrzehnten.

Seit vierzig Jahren veröffentlicht Michael Krüger, den die Welt als Verleger, Herausgeber, Rezensent und als Autor kennt, Gedichtbände: mit großen und kleinen, lang- und kurzzeiligen und auch sonst sehr unterschiedlichen Gedichten. Vielerlei Beobachtungen und Erfahrungen, Fragen und Überlegungen, Wörter und Sachen fließen in seine Gedichte ein – lauter empfindliche Kunstgebilde, die angesichts der Fülle einen klaren Klopf behalten. Nicht um Vereinfachung, Botschaft, virtuose Überrumpelung geht es in Michael Krügers Gedichten, sondern stets um ein Offenhalten: um Wortmeldung in Sprachräumen, Konstellationen der Gegenwärtigkeit.

Michael Krüger, geboren 1943 in Wittgendorf/Kreis Zeitz, lebt als Autor in München. Zuletzt erschienen im Suhrkamp Verlag: *Umstellung der Zeit*, Gedichte, 2013; *Ins Reine*, Gedichte, 2010.

Michael Krüger
»**Hellwach gehe ich schlafen**«
Hundert Gedichte
Ausgewählt von
Hans-Ulrich Müller-Schwefe

Suhrkamp

Erste Auflage 2016
suhrkamp taschenbuch 4722
© Suhrkamp Verlag Berlin
Suhrkamp Taschenbuch Verlag
Alle Rechte vorbehalten, insbesondere das
der Übersetzung, des öffentlichen Vortrags sowie der Übertragung
durch Rundfunk und Fernsehen, auch einzelner Teile.
Kein Teil des Werkes darf in irgendeiner Form
(durch Fotografie, Mikrofilm oder andere Verfahren)
ohne schriftliche Genehmigung des Verlages reproduziert
oder unter Verwendung elektronischer Systeme verarbeitet,
vervielfältigt oder verbreitet werden.
Umschlagfoto: Isolde Ohlbaum
Umschlaggestaltung: hißmann, heilmann, hamburg
Druck und Bindung: CPI – Ebner & Spiegel, Ulm
Printed in Germany
ISBN 978-3-518-46722-0

»Hellwach gehe ich schlafen«

Kaum hat man die nebligen Regionen
des Träumens verlassen, wo das Glück
aus den Mauern wächst und Schatten
sich begrüßen wie uralte Feinde,
fühlt man sich verpflichtet, sich neu
zu verschulden: Ein wenig Liebe,
mit gefrorener Tinte quer über
den Leib geschrieben, ein wenig Gesinnung,
ein paar Geständnisse, um Unbekannte
anzulocken, die nichts von uns wissen,
ein Bündel jämmerlicher Theorien,
damit das Gespräch mit den Toten
nicht abreißt. Aber es langt nicht.
Also zurück zu den Träumen.

Wie Gedichte entstehen

Wie Gedichte entstehen

Jeder kennt den Moment,
da man auf die Lichtung tritt
und die Hasen,
nach einer Sekunde des Zögerns,
im Unterholz verschwinden.
Es gibt kein Wort,
das sie aufhalten könnte.
Du bist wohl nicht bei Trost,
sagte mein Vater,
wenn mir die Tränen kamen.
Wie soll man ein Ganzes denken,
wenn man nicht weiß,
was ein Ganzes ist?

Wenn du die Treppe hinaufgehst, gib acht,
daß du die Kerbe triffst, von tausend Schuhen
getreten. Wenn du ins Haus trittst, ergreife
die helle Klinke, von tausend Händen gefaßt.
Nimm die alte Tasse, die mit gebrochenem Henkel,
den Teller mit Sprung. Betrachte die Bilder,
die kein Lob lackierte, den kippelnden Tisch.
Frage nach Wasser, wenn sie dir Wein einschenken,
in Worten, die nicht nach Ewigkeit schmecken.
Von allen Vögeln widme dich dem Spatzen zuerst,
dann der Krähe. Preise das Gras und die Flechte.

Ins Reine

Wir haben meine Kindheit nachgestellt
mit unscheinbaren Dingen.
Einem Tannenzapfen, Brotkrumen,
Schlüsseln, einem schwarzgeäderten Stein,
alles, was zur Hand ist und beweglich.
Nur haben die Dinge die Neigung,
nach eignem Belieben zu handeln,
und die Bahn, die ich auslegen wollte,
neigt sich ständig vor und zurück.
Ich sehe das, was ich nicht mehr bin,
aber ich sehe nicht mich.
Ein Apfel rollt traurig vom Tisch
und bricht, wie Wörter brechen,
wenn man sie lang nicht benutzt.
Überlaß es den Vögeln, das Gekrakel
ins Reine zu schreiben, auf sie ist
Verlaß.

Es ist nichts passiert,
was sich aufschreiben ließe.
Nur ist die Welt manchmal
so groß, daß die Wörter
sich darin verlieren.
Dann gehe ich zum See
und schaue den Enten zu.
Wenn die Wellen, die sie
im Wasser bilden, das Ufer
erreichen, strecke ich mich
im hohen Gras aus und bin
nicht mehr zu finden.

Große schwarze Vögel
besetzen seit Tagen das Land.
Sie nehmen uns, ungerührt,
das Wort aus dem Mund.
Was wollten wir erzählen?
Davon, wer wir sein wollten,
bevor Mord und Totschlag
unsere Nachbarn wurden,
einer links, einer rechts.
Jetzt verlieren wir wortlos
die Zeit. Die Vögel, ungerührt,
reden sich ein in ihre
schwarze Welt.

Späte Lektüren

Der Sturm reißt an den Läden,
als wolle er das Licht rauben,
das die Schrift mühsam hervorbringt,
mein Festland der Träume.
Ein Krieg, der zu lange dauert,
ist nicht zu gewinnen.
Er schläft irgendwann ein.
Dabei glaubten wir doch,
wir Ungläubigen, vom Himmel
sei nichts zu befürchten.
Die Kiefer, tagsüber aufrecht
wie ein Großinquisitor,
legt sich krumm und schreibt
ihr Geständnis ins Gras.
Anfällig sein. Anfällig bleiben
wie der bleiche Bach,
der sich ständig erneuert
in einer anderen Sprache.
Wäre es anders, wir hätten
das Paradies nicht verlassen müssen.

Gedicht

Ich könnte von Kriegen erzählen,
von Göttern, die sich aus Langeweile
das Leben ausdachten, von Igeln
in meinem Garten, von mir.
Ich könnte von einem Mann erzählen,
der die Lesarten des Unglücks studiert
wie ein rumänischer Philosoph.
Auch mit Lorbeer
kann man Dämonen vertreiben.
Aber lieber die Klappe halten,
die Stille ist laut genug.

Claude Simon

Im Traum setzte sich
Claude Simon neben mich,
ganz grün im Gesicht.
Er hatte, aus Versehen,
Bouletten gegessen,
am Wannsee in Berlin.
An seinen kleinen Händen
zog ich ihn zurück
ins wirkliche Leben.
Wir tranken seinen Wein,
einen provençalischen Roten,
und lasen die Georgica,
die er neu schreiben wollte
nach dem Krieg.
»Verzicht auf Verwirklichung«,
viel mehr sagte er nicht,
Sprechen war nicht seine Stärke.
»Sehen Sie den Schmetterling?«
sagte er zum Abschied,
»Odysseus, der nicht heimkehren will.«
Da wachte ich auf.

Über eine Fliege

1
Unerledigte Briefe, Übertragungsverbote,
müde Gesichter, des Begehrens leid,
am Telefon will jemand die Schönheit
verteidigen. Und schließlich, der Tag
wollte sich schon davonstehlen,
meldete sich in all dem unbeschriebenen
Leben ein wartendes Gedicht.
Es fehlt die absolute Konstanz der Dinge,
es fehlt an allem. Ein paar Wörter
durchziehen mich restlos, widerstehen
dem Versuch, mit ihnen einen Satz
zu schließen. Ich bin allein
mit einer Fliege, die mich umkreist.
Ich warte, sie fliegt. Und wenn ich
endlich schreiben will, landet sie
auf meiner rechten Hand.

2
Warum meine Hand, Fliege,
warum nicht das weiße Papier,
der angefangene Satz
(unter dem pergamentenen Flügel),
das Fenster, die Lampe, der Tisch.
Die Hand ist ein Magnet für diese Fliege,
das starre Zentrum ihres kugeligen Raumes.
Woher weiß sie, daß ich williges Opfer bin?
Sie weiß alles.

3
Über Fliegen weiß man wenig, über Bienen
alles. Man kennt den Schwänzeltanz
der Honigbiene, man hat die Selbstjustierung
dieser Tiere untersucht im Schwerefeld
der Erde, ihre Reizung durch die Folge
der Gezeiten. Man hat sie kürzlich
nach New York geflogen, ihren Zeitsinn
zu bemessen, ob er endogen gesteuert ist.
Aber was weiß man schon
von diesem leichtsinnigen Körper,
der mich am Schreiben hindert?

4
Langsam wird es ungemütlich,
und keiner da, der mich befreit.
Entferne ich mich,
wenn ich über eine Fliege schreibe,
zu weit von der Wirklichkeit,
und von welcher?
Die Fliege schreibt ihre zarten Nekrologe
gut lesbar auf meine Haut, dreht eine Runde,
landet und fährt mühelos fort,
sehr innig und nicht zu rasch.
Irgendwo im Haus wird Musik gespielt,
einer hustet bei geöffnetem Fenster,
über mir schreibt einer wie wild
auf seiner elektrischen Schreibmaschine,
als gäbe es noch etwas zu berichten.

5
Die Wirklichkeit ist nicht meine Stärke,
das wurde in dieser Nacht deutlich.
Immer sagt einer, das ist gut oder schlecht
oder interessant. Immer wird einer angefordert,
das Unglück zu beschreiben. Aber das Wort
zieht weiter, unaufhaltsam, wie sehr wir
uns auch mühen, es zu halten.
Ich erinnerte mich daran, wie Herr Bego,
der Hund, in seinen quälenden Träumen
auf eine Wirklichkeit traf, die ihn
aufheulen ließ; und wie mürrisch
er dreinblickte, wenn wir ihn zurückholten
in unser nächtliches Leben.
Es gibt, mit andern Worten, Wirklichkeiten,
die sich vom Leben deutlich unterscheiden.

6
Irgendwann in der Nacht war die Fliege
verschwunden, jetzt müßte sie tot sein.
Sie hinterließ ein flüchtiges Testament,
das ich nun abschreibe mit meinen Worten.

In diesem Haus ist Platz für vieles

Unterhaltungen kurz vor der Grenze

1

Die Bücher, sagte sie unvermittelt, sind der Menschen
leid geworden: sie sind heimgekehrt,
müde vom Zwang zu erfinden. Ihre Selbsttäuschung hat die Seiten
gebleicht, die geisterhafte Harmonie ihrer Rücken,
sagte sie, macht mich wahnsinnig, ihre Ruhe,
die getrocknete Lava aus Schweiß und Gedächtnis,
und dazwischen ein weißes Geheimnis:
ein schmerzend weißes Geheimnis, sagte sie,
das Dir die Augen ausbrennt.
(80 km zur Grenze: ob ich anhalten soll.)
Ihr Zustand ist der vollständiger Vergeblichkeit usw.;
nur in diesem Zustand ist ihre Sprache entzifferbar,
im vollständigen Verstummen, ob ich das kenne.
Kennst Du das Gekreisch der Bibliotheken,
die entzündeten Nerven dieses gigantischen Gedächtnisses.
Ja: das zweite Kapitel bibliomanischer Physiologie.
Unsere Unterhaltung ging über Tage, voller Angst
vor Unterbrechungen, Pausen, Ergebnissen. (Plötzlich:
im letzten Dorf vor der Grenze:)
Sie wolle jetzt aufhören zu reden.
Reden sei ihr zunehmend zuwider geworden, sogar Schreiben,
aber in erster Linie das Reden wolle sie einstellen: (Du
kennst das doch, die Arroganz des Redens und des Redenden).
Nicht so sehr das alltägliche Reden meine sie,
die wüste Sprache,
sondern die allgemeine Rede: das ununterbrochene Gemurmel
der Wörter. Ich solle ihr helfen, sie zum Schweigen bringen.

(Ein Schweigetraining!) Du kannst mich im Schweigen
trainieren. (Brancusi, sagte sie, die unendliche Schweigsamkeit
seiner unendlichen Windungen!)

Ich schwieg.

Du mußt Worte reizen, sagte ich, Du mußt ihre wimmelnden
Bedeutungen sabotieren, Du darfst ihre Demütigungen
nicht hinnehmen, schrie ich sie an, vor allem nicht
durch Schweigsamkeit. Dein Schweigen, sagte ich, ist Teil
dieser Zivilisationsrede, Dein Lachen und Schreien
ist die reine Literatur. Dein Schweigen, sagte ich,
ist der letzte Versuch, der lächerliche Versuch, noch einmal
ins Zentrum zu kommen durch Verneinung.
Ja, sagte sie, wie ein Stern, wie ein erlöschender Stern,
wie ein müde gewordener Komet im Moment des Erlöschens:
inmitten der Turbulenzen müde werden und erlöschen.
Ganz langsam wolle sie, sagte sie, über die Seiten rutschen,
über den Text zurück in die Rede,
und dann wolle sie über den Rand kippen mit einer
ungeheuerlichen Explosion:
auf diese Weise wolle sie die Sprachlosigkeit zum Reden
bringen, zum Kreischen: und ich in der Mitte, sagte sie,
im toten Zentrum, in der kühlen Sanftheit
des Schweigens.

2

Um acht Uhr, nach Einbruch der Dämmerung,
erreichten wir die Grenze. Wir sahen die steinige Ebene
und den ausgetrockneten Fluß, den reinen sehr gleichmäßigen

Horizont: eine riesige Leinwand,
quer vor die Landschaft gestellt. Das war der Horizont,
den sie gesucht hatte. Wir beobachteten die Reifenspuren,
die Verwischungen, den leisen Sand: die vollkommene Erschöpfung
des Sandes. Das ist der Horizont, den ich gesucht habe,
sagte sie und schwieg. »L'utopie,
comme la mystique, s'achève dans le silence.« Die Zöllner
hatten das Auto auseinandergerissen, wie üblich,
sie standen hilflos in der Dunkelheit herum. Sie fühle
sich ausgedacht, sagte sie, schamlos entworfen. (Die Grenze
war in der Dunkelheit jetzt vollständig verschwunden.)
Seit Monaten habe sie das Gefühl der Parzellierung: das eine
ganz ohne das andere, jedes für sich. In der Straßenbahn
nur Gesichter, im Kino nur Hände: Eine Leinwand voller Hände
in Farbe. Diese Aufsplitterung sei ihr wie ein Pilz
über den ganzen Körper gekrochen. Auch ihr Schmerz habe sich
abgelöst, seit einiger Zeit könne sie ihren Schmerz
beobachten, die Augen aber sähen von sich aus, ihr Gehirn
sei eine selbständige Einheit, alle Sinne, sagte sie
in die Dunkelheit hinein, wirken getrennt, meine Nerven,
sagte sie, liegen buchstäblich frei: Ich kann meine Nerven,
kicherte sie, experimentell erschlaffen lassen, die Folge
dann Stumpfsinn und Lethargie, und ich kann
sie künstlich erregen, die Folge dann Wahnsinn.
»Nach einem Wutanfall wurden Menschen für mehrere Jahre
stumm. Der Zorn vergeht mit seinem Gegenstand«, aber
das ist nicht wahr: der Gegenstand bin ich selber.
Der Wutanfall hat im Gehirn stattgefunden, das Gehirn
angegriffen: seine Spur kann nicht ausgelöscht werden.
Ein Putsch der Nerven, sage ich unsicher. »Ich habe Hühner
ohne Kopf noch laufen sehen.« Der Schmerz, begann sie wieder,
sei gewissermaßen ein Schatten, und sie neben ihm,

in greller Beleuchtung. Sie könne die Lichtquelle
nicht mehr abdecken, nachts läge der Schatten sozusagen
auf ihr drauf. Das mache ihr Angst. Ich liege dann sehr ruhig da,
sagte sie, bis ich die Nerven wieder fühle. Sie spüre dann,
wie die Nerven das Gehirn boykottieren, wie nichts
mehr durchkomme. Die Begierden bleiben dann im Körper
stecken, die Einbildungen, Affekte, das Gedächtnis. Nur die Angst
käme durch, könne sich mühelos befreien.
Du bist krank.
Ich bin nicht krank, sagte sie, die Aufsplitterung habe nichts
mit Krankheit zu tun. Die Aufsplitterung
komme ihr geradezu natürlich vor. Mehr noch: seit sie
diese Phänomene kenne, sei sie gegen Krankheit immun.
Ich bin jetzt im Zentrum der Krankheit angekommen,
schrie sie, jeder weitere Schritt ist ein Gesundungsprozeß.
Sie sei sehr lange krank gewesen, jetzt aber
auf dem Wege der Besserung. Die Krankheit, die ehemalige
Krankheit, habe sich selbständig gemacht: Die Krankheit
hat jede Verbindung zu den Nerven abgebrochen.
Daher die Verwirrung: die vollkommene Gleichmäßigkeit
und die vollkommene Verwirrung.
Ich war müde geworden. »Das Gefühl«, zitierte ich,
»einer unüberbrückbaren Kluft zwischen Bewußtsein
und Gehirnvorgang.« Dann schliefen wir ein.

3

Am nächsten Morgen, im Hotel, beobachteten wir erschrocken
das Viereck des Fensters: eine Baumkrone, zwei
unbewegliche Vögel im oberen rechten Winkel, eine Wolke –
ein seltsam erstarrtes Bild. Wir selbst lagen im Vordergrund

dieses Bildes, schweißnaß und erschrocken. Die geringste
Bewegung, sagte sie, bringt die Perspektive durcheinander,
alle Wiederbelebungsversuche sind verboten.
In absoluter Ruhe sei das Viereck das vollkommene Abbild
ihrer Phantasie, eine makellose Kopie ihrer nächtlichen Idee
von der Zukunft. Du mußt Dir mit den Augen
die Zukunft ins Gedächtnis zurückholen, sagte sie,
Du mußt dieses Bild einsaugen, es ganz besetzen, Du mußt
die Zukunft zurückrufen in den Körper, Du mußt die Leinwand
in Dir selber aufstellen, den Projektor außerhalb:
erst dann hast Du ein scharfes Bild. Die Zukunft ist müde
geworden in den Büchern, alt in den geschwätzigen Programmen
der Utopie. (Die Vögel waren so plötzlich aus dem Rahmen
verschwunden, daß wir ihre Abwesenheit erst viel später
bemerkten.) Utopie und Zukunft sind identisch geworden,
verblaßte Imitationen von etwas ganz anderem, drittem.
(Was das sei?) Die ständigen Verletzungen haben unser Gehirn
paralysiert, sagte sie, die Verletzung der Hirnlappen usw.
ist geradezu genetisch fixiert, deshalb der Verlust
von Zukunft, deshalb die Unfähigkeit, Utopien auszudenken.
Das ist ein mühsames Unternehmen, sagte sie, die Utopie
zu rekonstruieren, ein wahnsinniges Unterfangen,
ein ganz und gar undankbares Geschäft. (Geschäft?)
Der historische Charakter der Utopie, ihre abbröckelnden
Farben, ihre alte Form, ihre Dekadenz, ihr sagenhaftes Alter:
die Utopie ist ins Greisenalter getreten, lachte sie,
sie hat sich, um überleben zu können, angepaßt. Krumm
und mickrig folgt sie uns als dünner, zitternder Schatten.
Das ist aus ihr geworden, schrie sie jetzt, ein dünner
zittriger Schatten, eng an den Körper gepreßt aus Angst
vorm Erlöschen. (Die Wolke hatte sich jetzt aufgelöst,
nur die Baumkrone war noch sichtbar.)

Kennst Du diese Geschichte: »König Tameamea auf den
Sandwich-Inseln suchte bei Gelegenheit der Geburt eines Kindes
(1800) eine ganz neue Sprache einzuführen, aber
die dadurch hervorgerufene Verwirrung wurde so groß, daß
mächtige Häuptlinge das Kind mit Gift aus dem Wege räumten.«

Sie müsse augenblicklich das Zimmer verlassen, sie müsse
sofort unter Menschen, sie müsse raus aus diesen Geschichten.
Eine milchige Sonne hatte sich in das Viereck geschoben,
alles war plötzlich verrutscht: wir sind aus der Perspektive
gedrängt worden, sagte sie, dann verließen wir das Zimmer
und gingen zur Grenze.

4

Am Schlagbaum der Zöllner, neben ihm unser Auto.
Sonst nichts, selbst die Spuren waren verschwunden,
der Horizont verhangen. Als ich startete, sagte sie,
sie wolle zurückfahren. Die Reise sei für sie zu Ende,
es lohne sich nicht, die Reise fortzusetzen. Ich wendete
und fuhr zurück, im Rückspiegel sah ich das verdutzte Gesicht
an der offenen Schranke. Schweigend und erschöpft
erreichten wir die Stadt.
Nichts kam mir natürlicher vor.

Archäologie

1

Das ganze Jahr über ('75) wollte ich
ein politisches Gedicht schreiben über

Deutschland; es sollte Die Unnatürliche Wärme
heißen und war gedacht für einen Freund in

Kalifornien, der nicht nach Deutschland
kommen konnte in diesem Jahr, der nicht

durch Deutschland reisen konnte in diesem
Jahr, um die Veränderungen selber zu sehen:

das Gedicht sollte die Lücke füllen
zwischen seinem letzten Aufenthalt hier

und dem nächsten, damit er nicht erschrickt
und sofort zurückfährt das nächste Mal

oder hastig auf seinem Ticket nachschauen
muß, ob er in einem anderen Land gelandet

ist, etwa. Das ganze Jahr über sammelte ich
Material für Die Unnatürliche Wärme über

die unnatürliche Wärme, die sich ausgebreitet
hat über Deutschland: in den Zeitungen und

Zeitschriften, den Wohnungen und auf der
Straße, in den Köpfen und in der Rede über

die große Kälte, die sich ausgebreitet haben
soll in den Zeitschriften und Zeitungen,

auf der Straße und in den Wohnungen, in der
Rede und in den Köpfen. Pünktlich jeden Ersten

setzte ich mich hin und sichtete das Material
für mein meteorologisches Gedicht: die Notizen

über den Wind, der uns mit plötzlicher Heftigkeit
ins Gesicht bläst; über das rasch sich ausbreitende

Tief und den damit zusammenhängenden Wetterumschwung; über die kalte Meeresluft, die aus Südwest-

europa kommt und nach Nordosten fließen soll;
über die Klimaschwankungen und sonstigen meteorolo-

gischen Einbrüche. Ich wollte versuchen, die sich
ausbreitende Angst vor der angekündigten Kälte

zu beschreiben und was die Angst angerichtet hat:
daß alle plötzlich näher zusammengerückt sind,

um sich einander zu wärmen; daß alle sich plötzlich
vermummt haben und kaum noch wiederzuerkennen sind;

daß kaum einer mehr auf der Straße zu sehen ist;
daß die wenigen zum Himmel starren und die Forma-

tionen der Wolken interpretieren; daß, als Folge
der Angst vor der angekündigten Kälte, es im Sommer

in Deutschland so aussah als wär schon Dezember. Man
flüstert wie im Winter, hatte ich mir notiert, dabei

brennt die Sonne heißer denn je. Es sollte ein Gedicht
werden über die sich ausbreitende Macht der Meteoro-

logie und ihre nachweislich falschen Prognosen.

2

Am Ende des Jahres, am 16. Dezember 1975, wurde mir
der Koffer mit meinen Aufzeichnungen am Flughafen

Tegel gestohlen. Mißmutig saß ich in einem Hotel in
Littlehampton, an der Südküste Englands, Europa

gegenüber, draußen war es kalt und es goß in Strömen,
und überlegte, ob man den Golfstrom umgeleitet

hat aus klimatischen Überlegungen. Ich las ununo-
terbrochen deutsche Zeitungen, die mit großer Ver-

spätung eintrafen. Die Archäologie war wiederent-
deckt worden in Deutschland, las ich und dachte unun-

terbrochen an mein Gedicht. So schnell geht die Zeit
vorbei, Donnerwetter. Die Archäologie der Oper. Die

Archäologie des Kinos. Mein großes politisches Gedicht
über Deutschland war beim Teufel. Ich stellte mir

riesenhafte Ausgrabungsstätten vor in Deutschland,
ein vollkommen umgegrabenes Rhein-Main-Gebiet, Baden-

Württemberg ein einziges schwarzes Loch. Die Archäologie
der Zukunft. Auch das vergangene Jahr wurde unter den

verschiedensten archäologischen Gesichtspunkten
beurteilt. Ein merkwürdiges Verfahren. Mein Jahr,

das Jahr meines geplanten Gedichts. Merkwürdigerweise
gab es nur wenig Überschneidungen. In der Beurteilung

des Klimas wichen sämtliche Kommentare von meinen
Beobachtungen ab, z.B. Oder ein anderes Datum, das in

keinem Jahresrückblick berücksichtigt wurde: 1975 war
der Faschismus in Deutschland seit 30 Jahren vorbei. Oder wie?

Stattdessen überall eine lange Liste der Toten: weiß-
haarige Männer und Frauen mit vor Sorge gefurchten

Gesichtern. Ich flog rasch zurück nach Berlin, um
an Ort und Stelle nach meinen Manuskripten zu

forschen: mein geplantes Gedicht würde tatsächlich
eine Lücke füllen im Angebot, wenn es zustandekäme,

dachte ich. Als ich aus dem Flugzeug stieg, wußte
ich: du wirst deine Tasche mit den Aufzeichnungen

nie wiederfinden, nie. Es war saukalt in Berlin, besonders in der ausgekühlten Wohnung war es kaum

auszuhalten: Eingemummt in Pullover und Decken hockte ich mich ans Fenster und dachte schlechtgelaunt

nach über den Verlust meines Gedichts und den seltsamen Aufstieg der Archäologie in Deutschland.

Wo ich geboren wurde

1

Mein Großvater konnte über hundert Vögel
an ihren Stimmen erkennen, nicht gerechnet
die Dialekte, die in den Hecken gesprochen wurden,
dunklen Schulen hinter dem Hof,
wo die Braunkehlchen Aufsicht hatten.
Mein Großvater war Spezialist für Kartoffeln.
Mit den Händen grub er sie aus, zerbrach sie
mit den Daumen, die weiß wurden,
und ließ mich an der Bruchstelle lecken.
Mehlig, gut für Schweine und Menschen.
Auch nach der Enteignung wollte er unbedingt
an Gott glauben, weshalb ich die Kartoffeln
ausbuddeln mußte aus seinem ehemaligen Acker.
Wie auf holländischen Bildern zogen
schwere Wolken über den sächsischen Himmel,
sie kamen aus Rußland und Polen
und fuhren nach Westen, ihre Fracht wurde leichter,
durchsichtiger und feiner, bis sie in Frankreich
als Seide verkauft wurde. Im Westen, sagte er,
finden Verwandlungen statt, wir werden verwandelt.
Im Dorf fehlten einige seiner Freunde,
die mußten in Rußland die Wolken beladen.

2

Meine Großmutter benutzte die Brennschere,
um ihre dünnen Haare zu wellen. Man muß
dem Herrgott ordentlich frisiert gegenübertreten.
Der kam meistens nachts, wenn ich schon

schlafen sollte, setzte sich auf den Bettrand
und unterhielt sich mit ihr auf sächsisch.
Beide flüsterten, als hätten sie ein Geheimnis.
Manchmal waren sie freundlich zueinander,
dann wieder zankte sie mit ihm wie
mit dem Großvater, wenn der sein Glasauge
neben den Teller legte. Wenn man es falsch herum
einsetzt, kann man nach innen sehen,
in den Kopf hinein, wo die Gedanken leben,
sagte er und stopfte seine Pfeife mit Eigenbau,
der neben dem Tisch an der Wand hing, labbrige Blätter,
von einem Faden durchzogen. Die Ärmel der Joppe
des Großvaters waren von Brandlöchern genarbt.
Wie deine Lunge, sagte die Großmutter, beides
aus braunem Stoff. So vergingen die Tage.
Abends gab es Kartoffeln mit Sauce oder ohne.
Wenn auf dem Hof geschlachtet wurde, fand ich
Wellfleisch auf meinem Teller, aber ich durfte nicht
fragen, wie es zu uns gefunden hatte.
Wellfleisch kann fliegen, damit war alles gesagt.
Ich stellte mir Gott als einen Menschen vor,
der alles mit sich machen ließ.

3
Mein Großvater las nicht mehr. Alle Bücher stehen
in meinem Kopf, sagte er, aber ganz durcheinander.
Dafür erzählte er gerne, am liebsten vom König,
der sich angeblich für ihn interessiert hatte.
Auf der Jagd sollte er ihm einen Hasen
vor die Flinte treiben, aber der Großvater hatte
das Tier unter seinem Mantel versteckt.
Ich kann noch heute das Hasenherz schlagen hören,

rief er und faßte sich an die Stelle, wo seine Uhr
hing. Hasen haben ein schlechtes Herz,
damit kann man keinen Staat machen. Vom Staat
war nicht viel zu erwarten. Wenn die Großmutter
nicht im Zimmer war, hörten wir Radio, messerscharfe
Stimmen, die den Rauch seiner Pfeife zittern ließen.
Saubande, sagte mein Großvater, der sonst nie
fluchte. In der Nähe von Beromünster war die Musik
zu Hause, da fahren wir eines Tages hin, sagte er,
und hören Bach und Tschaikowsky. Dann schlief er ein.
Das Lid über seinem Glasauge war nie ganz geschlossen.

4
Als ich mein Dorf kürzlich besuchte,
fiel mir alles wieder ein, nur ungeordnet:
der Kunsthonig und der schwarze Sirup, der sämig
durch die Löcher im Brot tropfte, die fauchenden Feuer
über Meuselwitz, die kyrillischen Gewehre im Steinbruch
von Keyna, der Kohlenstaub, Warmbier, der ängstliche Gott,
der schnatternde Alarmruf des Wiedehopfs,
die puckernden Flüsse auf dem Handrücken des Großvaters,
der blaue Teppich unter den Pflaumenbäumen,
die Eselsohren in der Bibel, die fromme Armut,
das Glück. Auch die Toten redeten mit, von fern her
angereist in altmodischen Kleidern, die Frauen
mit Haarnetzen, die Männer in gewendeter Uniform,
mit Schußlöchern auf der eingefallenen Brust.
Und in der Mitte mein Großvater, ein Auge auf die Welt
und eines nach innen gerichtet, vor sich ein Teller
Kartoffeln, mehlig und buttergelb, gut für Schweine
und Menschen und mich.

5
Das alles bin ich, der Mann mit dem Hasenherz.
Nicht mehr, eher weniger.

Vor dem Essen. Vier Uhr früh

Sie habe noch nie allein gegessen, ganz für sich,
noch nie habe sie das Gefühl gehabt, selbständig
eine Mahlzeit zu sich zu nehmen. Zuerst die Mutter,
sagte sie, vor dem Eisschrank stehend, die nicht nur

neben ihr stand, ihr den Löffel führte, die bestimmte,
wie und was und wieviel gegessen wurde, sondern auch
im Essen selber war. Ich habe nur gegessen, um der
Mutter zu gefallen. Sie war nicht nur im Essen, in

den Speisen, sie war zunehmend das Essen selber.
Meine Mutter, sagte sie, vor dem offenen Eisschrank,
im Nachthemd und frierend, war sozusagen die Speise,
die ich täglich aß. Daher ihre Magerkeit, behauptete

sie, ihre Unfähigkeit, Essen bei sich zu behalten;
ihre Unempfindlichkeit besonderen Speisen gegenüber.
In Restaurants z. B. das Gefühl, in einem Museum zu
sein, das Gefühl, außerhalb der natürlichen Ordnung

sich zu befinden: ihre Gier in Restaurants, die Manie,
alles bestellen zu wollen, und die trostlose Gewiß-
heit, nichts von den Gerichten essen zu können. Ihre
Euphorie angesichts miserabler Gerichte in Gast-

häusern: ob ich das bemerkt hätte. Ich hatte nicht
vor, etwas zu antworten. Die hoffnungslose Einsamkeit
beim Essen, während des Eßvorgangs, besonders bei
fetten Leuten, ob mir das auch aufgefallen sei, der

Versuch, sich ganz auszufüllen und das Mißlingen
solcher Versuche. Auch die Unfähigkeit, sämtliche
Gerichte in eine Ordnung zu bringen, das käme ihr
vor wie im Museum: die Freßgier verdanke sich einem

Ordnungswillen, aber eben einem nicht zu befriedigenden
Ordnungswillen, dafür sprächen auch die aufgerissenen
Augen, die nach einem System suchen, natürlich nicht
finden. Ich zum Beispiel kann nicht mit geschlossenen

Augen essen, sagte sie, die Vorstellung, nicht zu sehen,
was ich esse, ruft Schwindenanfälle hervor, die Peristaltik versage augenblicklich, auch wenn sie gesehen
habe, wie der Ober die Speisen gebracht habe, daß er

sie gebracht habe. Sie fror. Du bist mager geworden in
den letzten Jahren, ich. In Krisensituationen, sie, würde
sie jetzt immer zunehmen: allein die Anwesenheit von
Personen würde sie aufquellen lassen. Jeder mache un-

bewußt den Versuch, sie vollzustopfen, eine Abgabe,
eine Abnahme sei undenkbar in derartigen Situationen:
sie fühle sich dann ganz offen. (Und früher?) hätte sie
sofort abgenommen, hätte sich sozusagen verstreut,

alles sei früher aus ihr hinausgeflossen: spürbar,
sie hätte förmlich sehen können, wie alles aus ihr
hinausgeflossen sei. Früher sei sie in Krisensituationen sofort dünn wie ein Strich geworden. Wie

jetzt, sagte ich. Plötzlich war es draußen hell geworden.
Der Kühlschrank stand immer noch offen, es war sehr kalt.

Dir ist kalt, sagte ich. Die Eßvorgänge, die Eßmoral,
die früheren Erregungszustände beim Essen würden ihr

jetzt, in der Erinnerung, einen kalten Schauder den
Rücken hinunterjagen, sagte sie; sie sei in die Küche
geschlichen, um Essen zu lernen, auch wenn das sonderbar
klinge. In Krisensituationen sein Gewicht behalten,

das wäre ideal. Ich möchte in Krisensituationen
mein Gewicht behalten, sagte sie, deshalb bin ich hier.
Ich möchte nichts abgeben und ich möchte nichts auf-
nehmen, ich möchte unangreifbar sein und sehr rund. Das

sei die einzige Möglichkeit, behauptete sie, zitternd
vor Kälte. Ein runder gläserner Körper, in dem sie den
Vorgang des Verdauens beobachten könne, den Vorgang des
Zersetzens und Ausscheidens, ohne daß sich der Körper

verändere: sie sei auf dem besten Wege dahin. Es sei
ihr unbegreiflich, daß man so wenig Interesse für diese
Vorgänge habe. Warum, fragte sie mich, wurde das verlernt?
Ich stellte sämtliche Herdplatten an und begann mit den

Vorbereitungen. Diderot, sagte ich, beim Kartoffelschälen,
hat es auf dem Totenbett nach Kartoffeln verlangt, ein
polemischer Wunsch in der Geschichte der Zivilisation.

Sommersprossen

1

Du bist jetzt frei: jetzt
darfst du wählen; und was du wählst
verbittert keine Theorie.
Nur frag die Welt nicht,
die zum Ende drängt.
Frag dich nur selber.
Und frag die Zeit nicht,
die um Aufschub bittet
und geizig sich verschließt.
Hör nicht auf die Bewegung,
die murmelnd ihre Ziele nennt,
sich ständig widersprechend:
es fand nicht statt,
es war vergebens,
undsoweiter,
es gibt kein Ziel.
Die Zukunft,
von dir selbst verschuldet,
trocknet jede dieser Quellen aus.

2

Die Rede war
von deinen Sommersprossen
in diesem Jahr,
das keinen Sommer kannte,
wo wir die Unterbrechung füllten

zwischen Mai und Herbst
mit unsrer dünnen Haut.

Es gab Stunden,
wo uns alles gelang:
mißverstandene Zitate öffneten
mühelos den verhangenen Himmel,
eine blaue Tasse, harmlose Gifte,
jedes Witzwort schärfte den Blick
in das heillose Dunkel,
das uns zusammenhielt.

Stillehalten. Horchen:
Und irre fängt die Welt zu sprechen an.

Im Tausch für das Leben
war uns jeder Wortschatz recht:
die Rede war von deinen Sommersprossen
noch immer, als schon die Blätter
müde die Erde maskierten.
Trotziges Aushalten. Kein Wort.
Der Text, der uns zusammenhielt,
blieb rein, trotz aller Konkurrenz.

3

Im Schutz des Körpers und
im Unterhalb der Worte,
im Schutz der Haut, wo
sich der Irrtum auflöst, der
uns zusammenleimt,

grenzscheu jeder Satz und
deshalb ohne Echo, so wächst
die Angst den Abschied zu.

Und nie zu Hause. Nie.

Wir zählten
deine Sommersprossen,
wir zogen Linien,
Punkt für Punkt
vermaßen wir die Haut.
Fiktionsgier machte uns
zu Architekten ohne Auftrag:
so muß es sein,
so grundlos, höflich, frei,
so ohne Sinn und Wissen.
Und machtlos jeder Blick
und jedes Wort am Körper
überprüft.

Und nie zu Hause. Nie.

4

Vor allem fehlte uns der Sinn,
von uns Besitz zu nehmen,
der Sinn für Beute.
Uns fehlte das Talent, den Kopf
zu löschen. Die Gier, ein Erbe
auszuschlagen ohne Vorbehalt.

Ein stolzes Schiff,
bis unters Deck beladen
mit Erfahrung,
kentert zur Probe

und sinkt erst später
im Meer der Wiederholung.

Keine Beichte soll uns trösten,
kein Entschluß: die Rede war
von deinen Sommersprossen
in diesem Jahr,
das keinen Sommer kannte.
Es wird ein milder Herbst,
hör nur: die sanften Töne!

Die Grundfigur der Klage
beschreibt den Irrtum

der uns am Leben hält.

Schau, wie der geht, zusammenhanglos,
ein ganz und gar blindes
Getorkel. (Er geht ohne Neugier,
als käme es nicht mehr drauf an. So
kann einer sich nur bewegen, der den Weg
schon kennt. Täglich stolpert er
an einer bestimmten Stelle über einen bestimmten Stein.)
Sie wolle noch einmal auf die Neugier
zurückkommen, auf die Neugierde,
auf ihre vollständige Abwesenheit
und auf die Weise ihres Verschwindens.
Das unbemerkte Verschwinden einer Haltung,
einer geradezu krankhaften Methode
der Beobachtung
und des Zuhörens sei ihr aufgefallen:
die heimliche (dennoch plötzliche) Liquidierung
der Neugier. Eine Haltung des Denkens, sagte sie,
an die man sich kaum noch erinnert,
ein Zucken der Nerven. »Die Melancholie
alles Fertigen« habe die Neugier vertrieben,
allenthalben Ergebnisse, Fakten, unverrückbare
Tatsachen. Ein epidemischer
Begründungswahnsinn, ein Grundlegungs-
wahnsinn. (Ein ganz und gar blindes
Getorkel der Vernunft.)

Wann ist das passiert? Seit wann herrscht
diese »leichenfarbige und gespenstische Gesundheit«,
diese rücksichtslose Sicherheit im Kopf

und in den Büchern, diese positive Angst,
die alles abschneidet, taub macht,
verkleinert, bis man es in den Mund
stecken, runterschlucken,
ausscheiden kann, damit es vom Tisch ist,
unansehnlich ist, weg ist.
Wann ist das passiert? Seit wann
gibt es diese Unempfindlichkeit, als gäbe es
nichts mehr zu sehen, zu machen, seit wann
ist der bloße Anblick von Leuten ermüdend,
seit wann herrscht diese katastrophale Furcht:
als hätte man was zu verlieren.
(Von den Futurologen und Friedensforschern
wolle sie gar nicht erst reden,
von ihren kilometerlangen Anläufen
nach rückwärts,
von ihrem abscheulichen Geschrei,
wenn sie den Weg verloren haben und
in der Gegend herumirren, sich auf die Erde
werfen und die Erde anfassen, die Erde loben
mit zusammengebissenen Zähnen: für die
»zuckrige Milde« ihrer würdelosen Bewegungen
habe sie nichts als Verachtung
übrig, nichts als Verachtung. Anpasser sind das,
sagte sie, Anpasser von der übelsten Sorte.
Und ohne jede Spur von Neugier!)

Wann ist das passiert? Wie konnte
die alte Neugierde so plötzlich verschwinden,
im Moment ihres Erscheinens, ihres Wieder-
auftauchens sich verflüchtigen, auflösen,
wie konnte dieser riesige Vorrat

so plötzlich zusammenschrumpfen? Die Wachträume
von gestern haben sich schlafengelegt,
fahl und faul träumen sie von unvermeidlichen
Katastrophen, von der GROSSEN VERLOSUNG.
Es ist zum Kotzen, sagte sie, oben, an der Burg,
außer Atem. Eine ausgedachte Zukunft
von Zwangsläufigkeiten hat die Erinnerung
an die Neugier erstickt, an die Neu-
gierde. Wir starrten aufs Meer.
In einem Zustand konzentriertester Anspannung
verfolgten wir die Ankunft
der Wellen.

Besichtigung eines fertigen Gebäudes auf dem Weg an den Tegernsee

Die Todesangst, sagt sie plötzlich, auf dem Weg
nach Bad Wiessee, während eines großartigen
Gewitters, mitten auf der Autobahn,
die Todesangst hab ich nicht mehr vor den Innen-
explosionen, vor dem Donner mitten im Herz,
sondern: vor dem unendlichen Buchstaben-
strom, vor diesem Unendlichkeitsgemurmel
in meinem Kopf: weil ich nicht weiß wo ich auf-
springen soll, weil der Satz immer noch einen
Nebensatz nach sich zieht; die Angst
vor der entsetzlichen Gleichmäßigkeit der Rede,
vor der Ununterbrechbarkeit trotz Eruptionen,
Explosionen, Revolutionen. Mich macht das krank,
der unsichtbare Einfluß in meinen Kopf und
der unsichtbare Ausfluß, weil ich schon nichts
mehr anfassen kann, weil das Ergebnis schon immer
so alt ist wie wir selber und so kümmerlich, weil
ich nicht sagen kann: Anhalten, diese wahnsinnige
Ratlosigkeit der Buchstaben macht mich wahn-
sinnig, auf jeden Fall nervös. Wir können umkehren,
sage ich, am See gibt es nur See und Bäume und
die unerträglich gute Luft, aber ich sehe dabei
angestrengt in den Rückspiegel und schalte ohne
Grund in den vierten Gang. Also wenn ich
einen Satz schreibe, dann dauert mir das Schreiben
zu lange, dann möchte ich das sofort erklären,
dann die Erklärung der Erklärung usw.,
du weißt, was ich meine,

ein riesiges Gerüst aus Sätzen, Erklärungen und
Fußnoten, ein stabiler Totalsatz schwebt mir vor,
eine Art Haussatz, in dem ich wohnen kann, der
sozusagen in mir wohnt, mich ganz ausfüllt. Mit
Sälen, Galerien, Zimmerfluchten, Treppen, mit riesigen
Freitreppen, verstehst du, wo meine Tribunale statt-
finden, wo ich sage, du stehst hinter der Barriere,
du davor, wo ein alter Tresen die narzißtischen
Gegner trennt, wo ein dauernder Durchzug ist. Material-
ermüdung gibt es da nicht: die Sachen, die Gesten
und die Sprache usw. unterliegen einer strengen
Kontrolle. (Und mein Zimmer:) Ist unter dem
Dach, von dort geht dein Blick über die Dörfer.
Ich muß lachen. Unter der Milz ein Druck, im Kopf
der bekannte brennende Schmerz: irgend etwas passiert
jetzt, ich spüre eine sehr deutliche Anstrengung,
ein entferntes Schaben, eine ununterbrochene
Reise durch sämtliche Organe; kein Kommentar.
Hinter der Ausfahrt kam das, was ich befürchtet
hatte: die Erfindung einer Maschine,
sagte sie, beschäftige sie, mit der man Geschichte
vernichten könne, erschrockene Phantasien, Träume,
verstehst du, die gleitenden Übergänge, die Kopf-
skandale, die Naturblödheiten werden einfach
verbrannt. Und die Asche ist eine Art Spezial-
dünger für meine Gärten am Horizont, auf kleiner
Flamme gewonnen, natürlich, aber nahrhaft. Sei still,
bitte. Das ist kindisch. Deine kindische Freude am
Aufflackern der roten Lämpchen, deine ganze
Maschine, dein Haus. Okay, aber die Rede, die ununter-
brochene Zivilisationsrede, die Kulturrede, die

sogenannte Naturrede, und dann mein Haus, dieses
herrliche Gebäude, mitten in diesen Strom
gebaut, ihn vollständig unterbrechend, sag doch
ja, wenn du ja sagst, verzichte ich auf alle Maschinen.

Gedicht über einen Spaziergang am Stausee und über Gedichte

Ein Auftragsgedicht

Am Abend wurde es unheimlich kalt. Ich
steckte meine Nase in deinen Pelzkragen, eine
längere Umarmung war unvermeidlich. Wir standen da
wie die Pferde, Hals über Kopf, und zitterten
vor Kälte. Ich sagte: Sinkt die Nacht, geht
mein Herz auf/taubenetzt wie die
Kürbisblüte/und mußte laut lachen, ein
plötzlicher Lachreiz in dieser entsetzlichen
Kälte.

Du wirst sehen, das geht immer so weiter,
sagtest du ebenso plötzlich, die Theorie
des Aussteigens wird gut bezahlt, von Selbst-
entfernung kann keine Rede sein. Die Revolutionen
finden woanders statt. Aber ich sehe
sie nicht, kein Zittern, nichts. Mit hoch-
geschlagenem Mantelkragen eine Diskussion
über komplexe Strukturen. Das läßt sich in Worte
fassen: die Unerträglichkeit nimmt geradezu
sichtbar zu. Achtung, wir befinden uns mitten in
einem Gedicht, das war deine Idee. Über das Reden
sprechen und über das Schweigen reden, das
ist auch nur ein kümmerlicher Einfall. Und
wo die Einfälle herkommen, wissen wir auch. Wir
wissen sehr viel. Wir kennen den langen rauschenden
Beifall der Kenner.

Und wenn das alles nicht mehr wäre, was dann? Ein Loch? Eine schartige Ritze, ein Graben? Ein sonderbarer Vorgang, das zumindest, und frei erfunden. Aber mit unseren weitgesteckten Interessen decken wir alles zu. Rasch bilde ich eine Neue Theorie über das Alte Leiden, aber die Kälte nimmt zu, auch die Müdigkeit. Wir müssen sofort eine neue Kultur erfinden, sage ich schlechter Laune. Aber wohin mit der alten? Die ganze Welt einfach wegschmeißen, das geht nicht. In der Natur wirst du kindisch, war deine Antwort, es war die richtige Antwort.

Zwei doppelte Jägermeister, Brot und Bouletten mit Senf. Als die Wirtin sich näherte, redete ich lauter und hob pathetisch den Arm, das hast du sofort bemerkt. Der Finger ist immer schon die ganze Hand; ein einziger Satz verleidet die Bekanntschaft des Kopfes. Ich erfinde dir eine Biografie für die Wirtin. Im Winter ist kaum jemand hier. Ich prahlte: ein schönes einfaches Leben, das fandest du richtig. In der Music-Box ausschließlich deutsche Schlager.

Im Auto, auf der Rückfahrt, halb betrunken, eine Theorie der Kommunikation. Der Kopf qualmte, so läßt es sich leben. Bei Rot über die Ampel, das war ganz natürlich. Du bist reaktionär, wenn du nachdenkst, das stimmte. Zum Fortschritt fällt mir nichts ein. An der Stadtgrenze mußte ich kotzen, ein dampfender Fleck im Schnee. Mein Stil wird abgeschafft, versprach ich, das war so um 4 Uhr morgens.

Die Nacht war dann fast vorüber. So viele Worte und zugegeben ein bißchen Glück. Herauskommt ein längeres Gedicht, wie versprochen. Wer Glück hat, kann von so etwas leben. Wer Glück hat, hört damit auf.

Widmung

1

In diesem Haus ist Platz für vieles. Für deinen verschämten Blick,
wenn du dich wunderst über seine Anwesenheit; für deine
weitgereisten Träume, in denen ich (endlich) vorkomme: wie ich
eine Glasscherbe vor den Horizont halte und die Perspektive
um eine Winzigkeit verschiebe oder flach auf dem Boden liege
(wie eine Glasscherbe); für deinen abwesenden Gang
zwischen Bad und Küche am Morgen: der wird immer hier bleiben
und zu sehen sein, am Morgen, wenn sich die Helligkeit
hereinstiehlt (das verkleidete Dunkel). Für mich ist das
(im Gegensatz zu dir) ein tröstlicher Gedanke: *eine Weise des Gehens,*
die niemals auszulöschen ist. Aber ich bin (noch immer) ängstlicher
als du, kleinmütiger: deshalb vielleicht diese Texte. Früher z.B.
hatte ich Angst davor, daß das Haus voll sein könnte,
bis unters Dach voll mit unseren Geschichten, bewacht von
meinem Hundeblick. Es ist unglaublich, wieviel in dieses Haus
Und was alles hineinpaßt! Kürzlich sah ich mich   [hineinpaßt!
am Fenster stehen und dich beobachten, wie du das Haus betrittst.
Unmittelbar danach hörte ich mich am Telefon reden: stotternd
und müde entschuldigte ich mein Ausbleiben. Ich hörte mich auflegen:
auch für dieses Geräusch ist hier Platz. Erinnerst Du dich
an das chinesische (?) Märchen von den Leuten, die einen
bestimmten Ton einfangen wollten? Du mußt wissen, was
ein einzelner Ton in der östlichen Musik bedeutet. Es ist skandalös,
sich aus den eigenen Armen nicht befreien zu können; nicht zu wollen,
würdest du sagen. (»Daß er nur die Chance noch hatte,
alle rettende Anstrengung allein auf sich selbst richten zu *müssen,*
machte ihn gelegentlich glücklich.«) Meine Versuche, mir selbst

fremd zu werden, fremder, sind (bisher wenigstens) mißglückt,
ich weiß das. Aber der Vorgang ist auch kompliziert genug
und nicht ungefährlich: allein geht es schon gar nicht, zu zweit selten,
zu mehreren ist es immerhin denkbar. (Es gibt banale Formen des
Aus-der-Haut-Fahrens, die ich hier nicht meine: die Philosophie
der letzten 150 Jahre ist voll davon: Taktik als Ethik und Ethik
als Taktik und immer so weiter.)

2

In diesem Haus ist Platz für vieles. Für die Druckfehler
in meinen Träumen, die die Anmut in Armut verwandeln:
eine ko(s)mische Katastrophe. Für das unordentliche Glück
und die heidnischen Spiele der Katze. (Übrigens mag ich es,
daß wir die Katze Katze nennen:) Es ist beruhigend, an diesem Tisch
zu sitzen und in den *dunklen Verliesen des Bewußten* zu flanieren:
in der Hand die Glaskugel, in der es schneit: hier ist Platz genug
für Rückkehr und Aufbruch. Natürlich ist es schwer geworden,
einen Gedanken ganz für sich zu haben. Aber es sollte auch
natürlich sein, ihn ganz für sich behalten zu dürfen. Auf diesem Tisch
ist er mühelos unterzubringen, neben dem Papier, zwischen den Büchern
und der Kaffeekanne. Wer spricht da? Angeblich weiß man heute,
wer spricht. Aber das ist natürlich Schwachsinn. Jede Bewegung,
jede Geste wird schwerer werden. Du weißt das. Ich breche
diese Widmung hier ab. Ich. Du kennst diesen Trick und weißt, warum
ich ihn anwende: auch Melancholiker haben gelegentlich Hunger.

Ein Vortrag

1
Du mußt etwas verwechselt haben,
denn ich stand nicht *auf* dem Podium,
um die »wohlüberlegten moralischen Urteile«
zu begründen. Ich saß vielmehr unten
im Saal zwischen einer alten Dame,
für die »gut« und »schlecht« keiner Begründung
bedurfte, und einer jungen blonden Frau,
die unablässig seufzte und sich Notizen machte,
die ich nicht entziffern konnte.

2
Mir kam es sonderbar vor, daß alle
moralischen Urteile so rasch veralten,
was den Vortragenden nicht bekümmerte,
aber er lebt davon. Als er versuchte,
die »richtigen Bedürfnisse« von den »falschen«
zu trennen, mußte ich an dich denken:
»Jeder soll tun, was er für richtig hält,
auch wenn es sich als falsch herausstellt.«
War es nun objektiv richtig oder falsch,
wie wir uns verhalten haben? Die Antwort
des Philosophen ist, daß es keine Antwort
auf diese Frage geben kann, und zwar
aus sprachanalytischen Gründen.

3
Nach dem Vortrag bin ich in eine Bar
gegangen und habe einen Gin-Tonic
auf dein Wohl getrunken. Natürlich gibt es
keine höhere Welt, aus der wir unsere
»moralischen Urteile« zugewiesen bekommen;
es gibt nur den historischen Schlendrian,
in dem sie sich irgendwie entwickelt haben
und in dem sie nun irgendwie zerfallen sind.
Geblieben sind moralische Gefühle,
eine Art Trinkgeld der Philosophie.
Kürzlich schrieb mir ein Freund aus Amerika,
er wolle nur noch das Wedeln des Schwanzes
seines Hundes beschreiben, eine andere Literatur
könne er sich nicht mehr vorstellen.

4
Ich war froh, wieder zu Hause zu sein
in den fremden vier Wänden. Stundenlang
habe ich meine Bücher umgestellt, viele
aussortiert, an die ich fest geglaubt hatte;
aber es ergab sich keine wirklich neue Ordnung.
Ich ahne, was falsch ist, ich glaube zu wissen,
was unvernünftig ist, ich habe mich bemüht,
mir die richtigen Sätze zu merken.
Aber sie ließen sich nicht merken.
Im Traum tat ich etwas, das zugleich
moralisch und vernünftig und richtig war,
es hatte mit dir zu tun. Übrigens
ein Alptraum, aus dem ich schweißüberströmt erwachte.

Eine Frau

1
Sie macht Kaffee.
Zurück im Zimmer, fragt sie:
Milch? Sie holt Milch.
Zurück im Zimmer, fragt sie:
Zucker? Sie holt Zucker.
Sie selber nimmt Milch und Zucker.
Sie ist Kettenraucherin
und hat schweren Husten.
Ihr erster Mann wurde 1944
von den Deutschen ermordet.

2
Als Unabhängige Linke
sitzt sie im Parlament
(dreimal in der Woche),
das ist gleich um die Ecke,
den Ministerpräsidenten
hält sie für einen Banditen
auf Zeit. Sie glauben gar nicht,
wieviel im Parlament gelogen wird.

3
In ihrer Wohnung
in einem Palazzo im Zentrum
ist es bitterkalt und still,
Bücher und Bilder. Wohin darf ich
meinen Mantel legen?
Der Junge des Bäckers, sagt sie,

ist aufs Land gegangen. Viele
haben genug von Rom. Sie weiß auch,
was die Kinder des Schlachters
treiben. Sie weiß alles.
Sie prahlt nicht. Traurig sagt sie,
die Familie ist für immer zerstört.

4
Die Buchhandlungen in Rom
werden von Schuhgeschäften
verdrängt, Arbeitslose, sagt sie,
lesen selten Bücher. Ist das
bei Ihnen anders? Sie trägt
eine alte dunkle Strickjacke,
ihr Haar ist kurz und eisengrau.

5
Wenn ich über ihre Bücher spreche,
lächelt sie scheu. Kindheit hat nichts
mit Unschuld zu tun. Alle unsere Gestern.
Der Jude Franz ist frei erfunden.
Wir waren eine große Familie.

6
Es wird immer schwerer,
noch ein Buch zu schreiben.

7
Ich würde Sie gerne als Gegnerin
haben, sage ich. Sie lacht, streicht
den schwarzen Rock gerade.
Kennen Sie die Listen der Macht?

Zur Zeit schreibt sie keine Romane,
es gibt andere Probleme,
z. B. den Papst.

8
Auf Wiedersehen, Frau Ginzburg.
Sie wohnt im 5. Stock,
ein Palast hat keinen Fahrstuhl.

Wie es so geht

Alles ist ruhig. Es ist nichts passiert.
Den Fehler, die Welt zu entdecken, haben wir längst schon bereut.
Jeder Spatentisch, jeder Knochenfund, jede ausgegrabene Hoffnung:
ihre Untauglichkeit ist längst schon bewiesen. Ruinen
werden hier nach Plan gebaut: auch das eine alte Lösung für später.
Auf den künstlichen Trümmern lagern Familien, verbissen
geben sie farbige Fotos herum: Schnappschüsse, ohne Gewähr.
Von einer kleinen Liste von Einwänden war die Rede,
Lächerlichkeiten, nicht der Rede wert: nicht wert
jedenfalls, die andere zu unterbrechen.

Alles ist ruhig. Es ist nichts passiert.
Die kleinen Wunden bluten, wie üblich, die Verspätungen
haben einen Grund. Mit anderen Worten, auf andere Weise,
anders gesagt: der Zufall geht wieder einmal als Sieger hervor,
die Vernunft ist geschlagen: nicht einmal das
sieht man ihr an. Ihr Profil ist weicher geworden,
seitdem sie nur noch von sich selber spricht, ihre Augen
akademischer, jede ihrer Äußerungen ist leicht entschuldbar.
Es macht einen teuflischen Spaß, ihr zuzusehen: den sanften
Dramatisierungen ihrer Gleichgültigkeit.

Alles ist ruhig. Es ist nichts passiert.
Die Gefühle sind unscheinbarer geworden, wie erwartet, der Haß
hat sich verwandelt in Neid. Nur keine Aufregung,
nur kein Theater, nur keine Traurigkeit: die Finanzierung der Apathie
ist gesichert. Der Export nimmt wieder zu. Das Leben
ist verbesserungsfähig geworden, endlich,
endlich erfüllt sich eine alte Hoffnung, endlich

hat sich die Anstrengung gelohnt. Im Museum, ungeschützt,
die schüchternen Ambitionen vergangener Jahre:
jedem wird plötzlich sonnenklar, woran die Geschichte zerbrach.

Es ist nichts passiert. Alles ist ruhig.
Das Alfabet ist wieder in Gebrauch, das Einmaleins,
der Dialog hat Konjunktur. Die alten Hüte,
die alten Weissagungen, die alten Erscheinungen: alles
sieht aus wie neu. Jeder hat seit gestern das deutliche Gefühl,
daß es ihn gibt. Jeder kann sich sehen lassen. Jeder sieht jedem
mit Interesse zu. Die stotternden Unterhaltungen
sind verstummt, alles geht flüssig von der Hand, die intimen
Entgleisungen gibt es nicht mehr. Das Dunkel wurde abgeschafft:
Aphorismen beschreiben die Welt mit tödlicher Klarheit.

Im Museum

Das Licht heute läßt nichts
erhoffen: alles sieht
unverbraucht aus, wie neu.
Kein Satz rührt sich,
kein Entschluß, der Boden
ist gefegt, eine hohe Sonne
verhindert den Schatten.
Heute beginnen Geschichten
ohne Fortsetzung:
die Autoindustrie
hat einen Lack erfunden
für die Zukunft,
eine einmalige Erinnerung
an die siebziger Jahre,
gemischte Töne, matt.
Ein ungerührtes Gesicht
spiegelt sich: makellos,
unzerkratzbar, kurzsichtig.

Unser Blick zurück
trifft keinen Gegner.
Flugzeuge, Eisenbahnen,
Dampfmaschinen; Erwachsene
sehen aus wie Kinder,
unausgeschlafene Kinder
in zu großen Kleidungsstücken.
Nur langsam frißt sich die Zeit
durch die Bilder;
und wird kostbar.

Nur langsam geht die Entzifferung
voran, und gibt den Blick frei
auf eine düstere Reihe
Versprechen.

Warum weinst du, weine nicht,
wir werden die Eltern finden!

Kleine tätowierte Gehirne
bewachen das Museum.
Jeder Schritt, jeder Stich
ist festgehalten,
in ungelenker Schrift
erschließt sich uns
Raum für Raum das Labyrinth.
Besucher erwerben die Ideen
in guten Übersetzungen.
Gebunden, gebündelt,
auf freiwilliger Basis.
Die Zeit ist abgefunden,
sagen die grauen Männer,
mit guten Gründen.
Wir sehen uns nie wieder
so. Weine nicht,
wir werden die Eltern finden.

Alles ist neu und noch warm.
Die Vergeßlichkeit
entschädigt uns für das Warten,
für die Schlaflosigkeit.

Hier also das Ziel,
die dritte und letzte Version
der Wahrheit: wir lassen uns
vertreten von uns.
So erscheinen die alten Verweise
in einem neuen Licht
und bewegen uns doch
von fremder Hand.

Und wir
(wenn wir es sind,
die Wahrheit ist ratlos)
bewundern das Beispiel:
wer wir sind,
nicht: wer wir werden wollten.
Wir lassen uns heute nichts
zu wünschen übrig.

Eine Vorrede

Wieder in Rom, im Wegkreuz, im Stein.
Wieder der kopflose Apoll vor dem Fenster,
der ausweglos Schreitende, mit einem Helm
aus Schnee auf der ewigen Wunde.
Wieder die Tafeln über den Modegeschäften,
Andersen, Gogol, Joyce, traurige Polen
in Geldverlegenheiten, die in muffigen Zimmern
ihre patriotischen Lieder schrieben,
bevor sie in unermeßlicher Fremdheit
starben wie die mageren Katzen im Forum,
die der Schnee sanft erdrückte.
Wieder das weinende Auge des Elefanten
und Christus mit dem Kopf des Esels
und der rissige Mund der Wahrheit,
der gefräßige, zahnlose Schlund,
ein Kunstgebild der echten Art,
das keiner achtet.
Wieder in Rom, im Wegkreuz, im Winter.
Und wieder die schönen Zeitungen
aus Deutschland, ihre Rhetorik der Verachtung,
immer einen Tag zu spät und feucht im Steg
und veraltet in ihrem Haß auf alles,
was sich ihnen beharrlich entzieht.
Und auch das Kopfschütteln wieder da
über den Herzverdrahtungsplänen,
über die flimmernden Zeichen
auf dem vergrößernden Schirm der Erfahrung,
die sich nicht lesen lassen wollen
ohne fördernden Beistand: wieder keine

feste Linie in der Lebensströmung,
der sich folgen ließe ohne Scham,
nur wurzellose Willkür, Lebenstrübung,
hoffnungsvolles Wünschen.
Und wieder diese deutschen Telefonbefehle:
reiß dich zusammen, mach einen Reim
auf Schönheit, wo alle Wörter ziellos
auseinanderschießen und verenden.
Und plötzlich: Schnee im Pantheon,
ein weißer Säulenfall diffusen Lichts
durchschnitt die Kugel dieser Welt.
Jetzt muß sich alles ändern, dachte ich,
von diesem weißen Zeichen überrumpelt.
Ich sah den Blutfleck, sah die Stumme,
die dich mit ihrem Finger rief – und trat
dazwischen: daß deine Augen sie verlieren.
Und plötzlich gab es einen Weg,
verkieselt und verschottert zwar
und ohne rechten Halt in diesem Winter,
es gab die helle Hautabschürfung
unter deinem linken Auge, es gab
ein Wort das andre.
Wieder in Rom, fand ich die Sprache wieder.

Der erste Besuch nach Jahren

Sie kam spät. (Lange hatte sie vor dem Haus
gestanden im Gespräch mit der Klingel,
die sie nicht berühren wollte; einerseits:
zu viele Hände; andererseits: der Glaube
an einen Rest Magie.)
Ich beobachtete sie lange vom Küchenfenster
aus: sie hatte einen Atlas in der Hand,
in dem sie vergeblich unser Haus suchte.
(Das Kartenlesen habe sie verlernt,
erzählte sie später.) Plötzlich
stand sie auf der Veranda: ein klapperdürres Gestell
mit ausgebleichten Haaren. Mit einem Geruch
nach Pilzen und Brombeeren. Schon saß sie
mir gegenüber, schon
hatte sie ihre Papiere ausgebreitet: »meine Archive
des Zweifels«, sagte sie;
säuberlich geordnet: die zitierten Zweifel,
die Erfahrungszweifel, usw., schließlich:
die unerledigten Zweifel (auf einem abgewetzten
Stück Papier: Nichts als Indiskretionen,
sagte sie, nicht der Rede wert!). Warum
dieser späte Besuch? Nach so vielen Jahren Angst
vor der eigenen Ähnlichkeit,
nach so viel öffentlicher Isolierungswut,
sorgsam verheimlichter Selbstdarstellung,
nach nach nach so vielen
dilettantischen Projekten für die Zukunft
der Wahrscheinlichkeit: dieser abendliche Überfall.
Sie können einpacken! schrie ich, ich will meine Un-

ruhe behalten: das ist das mindeste,
was man erwarten kann. Schon
war sie aufgestanden. Schon stand sie im Garten
neben den Schattenhaufen. Eilig
schloß ich das Fenster: damit der Geruch bliebe
nach Pilzen und Brombeeren. Am nächsten Tag
auf dem Tisch der zerknautschte Zettel: er lag
in der Hand wie ein Stein. Sofort
warf ich ihn in die Unordnung des Gartens
und freute mich wie ein Kind
am Klirren der Scheiben.

Eine Unterhaltung bei Regen

So wie der Regen wütend die Erde
bearbeitet und ein störrischer Wind
mit dem Haus verschmelzen will,
in dem wir sitzen, so haben die Ideen
die Welt nur geritzt, sind aber nicht
wirklich eingedrungen. Die Veränderungen

sind nicht meßbar, oder nur in einer Zeit,
die für Menschen keinen Platz hat.
Es wird keinen Platz geben für uns
und unsere Idee der Harmonie,
es wird nutzlos sein, Atem
und Flug zu versöhnen. Es wird alles

so bleiben, wie es ist, nur ohne uns.
Also werden unsere Formen vielleicht
die letzten sein, auch wenn ihre Schale
nichts verrät über ihren Inhalt: aber
der Rhythmus wird bleiben, die Brechung,
der gefrorene Schrei. Nur geritzt,

nicht eingedrungen. Vielleicht ist es
falsch, zwischen Wunsch und Ausführung
zu unterscheiden, brummelte er, aber:
diese Unterscheidung hindert uns,
bei der eigenen Hinrichtung Beifall
zu spenden. Immerhin. Nur geritzt,

nicht eingedrungen. Vom Dach klatscht
das Wasser auf den gekiesten Vorplatz
und bildet Pfützen für die Vögel,
die feiern das Wasser,
wilde Tauben feiern das Regenfest.
Wir trinken, zutiefst in uns verbogen,

und horchen auf die mageren Stimmen,
die das Haus fragend umflüstern,
und schauen den Verwandlungen zu,
dem ununterscheidbaren Tun und Lassen.
Nur geritzt, nie eingedrungen.
Und hinter dem grauen Regentuch

ein blasser Schimmer, wie von einer Wolke,
die die Sonne in sich trägt und sie
umarmend löschen will.

Die Katze ist tot

Ich fand sie
neben der Mülltonne
steif
nach einem beweglichen Leben.

Seltsam,
sie lag auf dem Bauch
mit ausgestreckten Pfoten.

In dieser Haltung
hatte sie vor mir gelegen
wenn ich ihr vorlesen mußte.

Am liebsten
hörte sie alte Reiseberichte.
Die wahre Geschichte
von Oblomows Weltumseglung
zum Beispiel
kannte sie auswendig.
(Bekanntlich
hatte dieser zaristische Beamte
während der ganzen Fahrt
das Schiff nicht einmal verlassen.)
Das Fremde
zog ihn nicht an,

sagte ich ihr,
wenn sie nachts das Haus noch
verlassen wollte.

Oft
behandelte sie mich
wie ein Kind.

Aber wenn ich mich dann
wie ein Kind benahm
sträubte sich augenblicklich
ihr Fell.

Fehler, Nachlässigkeiten
korrigierte sie
höflich
mit einem Zittern der Schnurrhaare.

Jeder von uns
führte ein Doppelleben,
sie in der Nacht
ich tagsüber
das wir streng
voreinander verbargen.

Kürzlich erst
gab sie mir zu verstehen
mich in ihr fellwarmes Leben
einzuweihen

als Belobigung
für geduldiges Beobachten.
Nun starb sie
in der Haltung des Zuhörens.

Und ich fühle mich
als das Opfer.

Elegie

Bozen. Aussegnungshalle:
kein Wort, das mir Eintritt
verschafft. Ein Schlurfen
spricht sich herum hinter
den Bergen, eine Geschichte
fragt nach dem Weg.

Luft, Luft. Hast du mich
hier erwartet, einen Tag zu spät?
Dein gutes blaues Hemd,
die helle Hose. Wohin
mit deiner Hand, die mich
nicht grüßen kann?

Schnee liegt auf deinem Haar,
laß mich dich wärmen.
Gibt es ein Bild von dir?
Die Zeit hat deinen Körper
ausgewechselt. Du bist
als Fremder mir der beste Freund.

Du mußt zurück
nach Deutschland, Vater,
auf meine Seite, wo nicht
gesprochen wird vom Tod.
Du lachst? Dein offner Mund
verdächtigt mich. Zu spät.

Wie klein du bist! Doch
wächst der Mensch im Tod
noch um ein Weniges, so wie
der Tod jetzt wächst in uns:
ein unbescholtner Zeuge
mit hohem Ansehn vor Gericht.

Gefälschter Paß. Schnell,
gib dein Leben, um allem Nachruf
zu entgehn. Zwei Vögel halten Wache
an der Grenze. Und unterm
schwarzen Leib der Wolken
kehrst heimlich du zu uns zurück.

Endlich Erde. Endlich
der Sand in Berlin, hier darfst du
sterben. Schlägst dir den Tod
wie einen Mantel um das Aschenherz –
und gibst dich frei und schweigst:
weil jede Antwort eine Frage wäre.

1

Wieder läuft der herrenlose Hund vorbei,
das Fell voller Kletten, wie jeden Abend.
Er muß tagsüber im Wäldchen streunen,
die übrigen Tiere erschrecken. Ein Ohr ist
zerrissen, ein Auge blind, nicht gerade
ein schöner Anblick. Manchmal kommt er
durch das Loch im Zaun, legt den Kopf
schief und schaut blöde zu mir auf.
Ich sage dummes Zeug zu ihm, das er
gerne hört. Nur wenn ich aufstehe,
um Fressen zu holen, macht er sich fort.

2

Heute bleibt er, legt den zottigen Kopf
auf die Pfoten, blinzelt schräg in die Sonne,
die zu rot versinkt. Woher kommst du,
frage ich. Er seufzt so heftig, daß Staub
aufwirbelt, das ist alles. Essen, frage ich.
Müde ist er, sauertöpfisch. Hast du genug
vom Leben, frage ich, genug vom Ungeziefer?
Von Straßen, Plätzen, Sonnenuntergängen?
Genug gesehen und gerochen? Zweifelnd
schaut der Hund mich an, erbarmungslos,
dann steht er zitternd auf und trollt sich.

3

Ich bleibe sitzen, schau ihm lange nach.
Wie ist dein Name, frage ich ins Blaue,
du mußt einmal gerufen worden sein –
Hektor, Anton, Hund, Odysseus, Bärlein?
Odysseus sei dein Name, lahmer Hund,
dann kannst du was erleben in der Zukunft.
Wirst nach Hause finden bald und Ordnung
stiften, niemals altern, nie mehr lahmen.
Wirst erzählen, wie es dir ergangen in den
Wäldern und von einem Mann berichten,
der dir eines Abends einen Namen gab.

Um 1610

Die Vorstudie hängt in Amsterdam:
Gehöft an einer Dorfstraße, Kreide,
mit Deckfarbe übermalt. Rechts
Weißdornbüsche, dahinter ein Haus,
das in die Unendlichkeit übergeht,
in einen grauen Himmel, der streng
und bewegt die Grenzen kontrolliert.

Diese Welt braucht keinen Schatten.
Ihr Licht entnimmt sie den Blüten
zweier Bäume, die es gern hergeben.
Diese Welt braucht keinen Gott,
das grau grundierte Papier spricht
für sich selber, für den Waldweg,
der sich mürrisch verliert,
als hätte es ihn nie gegeben.

Gott hat keinen Platz in diesem Bild,
nur ein halsstarriger Mensch. Er ist
gerade angekommen, erschöpft
von einem Fußmarsch aus der Stadt.
Soll er anklopfen an diesem Geisterhaus,
soll er bleiben, wo er nicht hingehört?

Das eigentliche Bild ist verschollen.
Aber wir wissen aus der gründlichen Studie
»Inleydng tot de Hooge Schoole der Bilderkonst«
wie es ausgesehen hat: der Mensch
war verschwunden, für immer. Ein Ast,

kahl und mit Flechten behangen,
starrte den Suchenden an und machte Geschichte.

Alle späteren Bilder dieses Meisters
sind der Versuch, die Niederlande
unter Bergen zu begraben,
auch auf den zahlreichen Vorstudien.

Istanbul erinnernd

Leicht ging ich unterm nassen Mantel weiter.
Europa murmelte im Schlaf ein mattes Nein;
die andre Seite, wo Mickiewicz starb vor 125 Jahren,
grub sich im Regen ein am dunklen Ende der Erinnerung.

Samson, Samson. Zigarettenschmuggler
mit Dreitagebärten und Philosophen, schlecht getarnt
mit einer roten Zukunft in den leergespülten Augen,
und eine stolze Frau am Taksim-Platz
in deren jähem Blick ein Tanker langsam untergeht.

Und ich?

Ich sah die Menschen stolpernd aus dem Spiegel fallen,
der lustlos Asien von Europa trennt.
Ich sah, wie man das Goldne Horn versteigerte
an einer Börse, die mit alten Waffen zahlt.

Sentimental und mit Wut im Herzen
flog ich fort und ließ einen Schrei zurück
in dieser Stadt, die Siege zu verschenken hat
an Narren, Weise, Pleitegeier und an Soldaten,
die den Tod bewachen, der plündernd sich am Leben hält.

Unübersetzbar war der Name eines Schiffes,
unübertragbar dieser Heiligenschein aus Öl.
Und nur ein ausgedientes Handwerk
gab mir den Mut, die offne Wunde zu beschreiben.

Ich liebte diesen Untergang:
den Steckbrief einer schlecht vernarbten Hoffnung.

Und ich? Nicht ich,
solange die Erinnerung mir folgt.

Besuch in Vilnius

1
Die Stadt mußte lange warten,
aber dann wurde es Sommer
und die Kirchen wurden entrümpelt.
Knochentrockne Schreie kamen ans Licht,
Stein, Nuß und Münze und der Kopf,
den die Asche nicht aufnehmen wollte.

2
Mickiewicz mit dem winzigen Korn
unterm Lid, bei jedem Aufschlag
seiner patriotischen Augen
ging ein Riß durch das Land
so lang wie die Memel.
Man konnte die See riechen
hinter der alten Synagoge.

3
Hinter dem Rathaus krähte der Hahn,
der brachte die Kindheit zum Schweigen.
Und auf dem Markt las ein fluchender Wind
in alten Akten: Wer im Schmutz wühlt,
macht sich die Finger schmutzig.
Wir hörten den knochigen Schlag des Hungers,
als einer erzählte, wie es gewesen sein könnte.

4
Der eine Weg ist kurz, doch länger,
der andere ist lang, doch kurz.
Und Antanas, der Dichter, die Selbstgedrehte
im Mundwinkel, zeigt auf die Störche,
die es sich nicht nehmen lassen,
den weiten Weg zu nehmen, hin und zurück.

Eine römische Geschichte

Manchmal, wenn ich nachts hier
die Straßen ablaufe, wenn menschenleer
und tonlos bis auf das stetige Zischeln
der Brunnen die Plätze sichtlich müde
die aschigen Häuser mühsam nur halten,
kommt mich, in all dieser steifen Pracht,
ein Mitgefühl an, eine sprachlose Sorge.
Nur dieser Stille wegen soll die Stadt
gerettet werden, wenn einst ihr es
krachen hört. Und ich lege das Ohr
an die nassen Wände, an triefendes Efeu,
voll zögernder Anteilnahme höre ich
das ferne Pochen, das die Stadt untergräbt.
Und diese geduldige Nachricht – Schönheit,
Wahrheit und all die andern Verabredungen
eigensinnig verleugnend, die ihre Geschichte
unter Stöhnen hervorgebracht –,
die nicht besser ist und nicht schlechter
als der Schmutz am Boden, die Dosen,
Zigarettenschachteln, das zerfetzte Papier,
diese Nachricht, die sich die engen Stiegen
hinaufzieht, eindeutig und längst erwartet,
läßt mich dann frohgemut den Rückweg
antreten, nach Osten, dem Licht zu.

Der Hohlweg

In dem Dorf meiner Kindheit, ein paar Häuser
um eine romanische Kirche herum, gab es
einen Hohlweg, eine grüne Röhre, deren Wölbung
im Herbst, nach der Ernte, mit Stroh dekoriert war.
Wenn die Getreidefuder, von Pferden gezogen,
sich ächzend hindurchpressen mußten, mußten wir,
obenauf, ins frische Stroh beißen, um nicht
durch die biegsamen Haselnußruten den Kopf
zu verlieren. Viel war nicht mehr zu holen
in unserem Dorf, seit der Russe an beiden Enden
des Hohlwegs den Zehnten kassierte.
Die Menschen seien vielleicht nicht für den Frieden
geschaffen, hieß es im Radio, während ich einer Kuh
die fünf Finger ins Maul schob, um ihre rauhe Zunge
zu spüren. Viel später behauptete jemand,
die Bäume würden mit den Wurzeln beten,
was bei uns unmöglich war wegen der Böden.
Diese Böden ließen Gebete nicht zu.
Am dorfabgewandten Ende des Hohlwegs nisteten
Wespen. Sie hatten, laut meinem Großvater,
große kräftige Kiefer, was man nicht sehen konnte
auf den ersten Blick. Im Winter legten sie angeblich
Fühler und Beine an und schlugen die Flügel
unter die eingekrümmte Bauchseite. So überlebten
die Wespen auch den Winter siebenundvierzig.

Ein Waldbrief

Es ist die Lichtung, wo wir im letzten Jahr
Steinpilze fanden, eine brüderliche Gesellschaft,
in höflichem Abstand voneinander,
daß ihre Schatten sich nicht mischen konnten.
Die Haut auf den Köpfen war fest gespannt
und summte, wenn dein Fingernagel sie berührte.
Man konnte sie wachsen sehen – die Moosfasern
sprangen splitternd von den dicken Füßen –,
eine unterirdische Kraft trieb sie nach oben,
sehr langsam und unbeeindruckt von allen Warnungen,
die hellere Seite der Erde betreffend.
Auf solchen Plätzen trafen sich einstmals
die Götter, traten ruhig aus Erde und Wald,
um die Fragen der Schöpfung zu besprechen.
Bald blieben einige fern, andere hatten zu tun
mit theologischen Brocken, nur einer blieb treu,
ein »müßiger Zuschauer«, der im September
ein paar Stunden auf dieser Lichtung verbrachte.
Wir erkannten ihn sofort, wenn er auf dem Moos lag
mit verbundenen Augen, von Träumen überwachsen,
sicher unter der schäumenden Woge der Zeit.
In diesem Jahr, um nicht abzuschweifen,
fand ich hier keine Pilze, aber ein Vogel
stand reglos über mir und beobachtete mich lange.

Rede des Reisenden

Ist dieser Stuhl noch frei? Darf ich mich setzen?
Ich bin schon lange unterwegs. Meine Schuhe
haben den Kieseln das Epos der Straße entlockt,
dem Asphalt sein öliges Seufzen. Stets bin ich
auf Wegen gegangen, die andere angelegt haben,
jeder Stein eine Erinnerung an frühere Wanderer.
Ich spürte die Kälte und die uneinnehmbare Wärme,
das Unglück erkannte ich an den leuchtenden Augen.
Die Liebe hielt mich nicht auf. Und der Schmerz
lief neben mir her und wollte nicht überholen.
Liedern hörte ich zu und ungebundener Rede,
kein Reim ließ mich stolpern. Ich traf Menschen,
die das Problem des Todes gelöst hatten,
und andere, die noch immer an die Unsterblichkeit glaubten.
Alles, was meine Vorgänger fallen ließen,
ich hob es auf, das macht meinen Rucksack so schwer.
Jetzt, wo ich mich wieder dem Anfang nähere,
versagen die Füße den Dienst. Ich bin müde,
kann kaum noch sehen, die Reise ging auf Kosten der Augen.
Wenn Sie gestatten, nehme ich ein Stück Brot
und etwas Wein. Danke. Jetzt fühle ich mich fast wie
daheim.

1

An einem dieser stillen Tage las ich
von einem Riesen, der sich opferte und gab,
was mich umgibt: aus seinen Knochen
wuchs der Berg, der hinterm See (dem Auge)
sich erhebt und sich im Wasser spiegelt,
seinem Blut. Aus seinen schwarzen Haaren
wurden Wälder, sein Gedächtnis fliegt
als Vogel durch den Abendhimmel,
einen Schatten auf die Erde werfend,
sein Gesicht, bedeckt von einer Maske
– seinem Wissen –, die sein Lachen hütet.

2

Ich ging zum See und tauchte meine Hand
ins kalte Blut, stieg später über Knochen,
die wie Schlacke knirschten, auf zum Gipfel
und blickte durch sein zotteliges Haar
hindurch ihm in sein dunkles Auge,
das Fische zucken ließen. Ein Wind kam auf
und hob die müden Ecken seiner Maske,
wodurch ein helles Lachen sich befreite,
das alle Vögel aus dem Himmel trieb.
Dies hier ist Niemandsland, und sein Gesetz
heißt – ungeschrieben – Wartenmüssen.

Dorfkino

Die Tür zum Garten wurde aufgestoßen:
Vögel flogen auf, alberne Schwalben
und Rotkehlchen in vollem Ornat.
Dorfkino, bezahlt wurde mit Äpfeln
und aufgescheuerten Knien. Dann kam
der andere ins Bild, der, der man nicht
war, der Mann mit der Leiter,
der in die Erde stieg, noch lang war
sein Husten zu hören. Er hat sich
wahrscheinlich verirrt und kehrt
dort nach oben zurück, wo ihn keiner versteht.
Sein Porträt hing an Kirsche
und Pappel, bis es Ameisen Stück
für Stück wie ein kostbares Fresko
abtrugen und unkenntlich machten.
Nur die unverwüstlichen Nägel
steckten noch lange im blutenden Holz.
Am Abend, wenn das Licht gefaltet
war, Ecke auf Ecke, klopfte einer
an die vordere Tür, der hatte noch Dreck
am Stecken und unter den Schuhen.
Er brachte Gerüchte mit, versteckt
unter der Zunge, die tauschte er
ein gegen Brot. Laut Großmutter
war er früher ein Dichter, einer, der den Blumen
Worte anhängt, bis ihre Köpfe brechen.
Ab '49 war das Kino geschlossen.

Nächtlicher Garten

>»Du bist ein Schatten am Tage
>und in der Nacht ein Licht.«
>*Friedrich Rückert*

Die Äste des Ahorns so schwer,
daß die Schaukel das Gras sichelt,
das demütige Gras, das an mich denkt,
wenn ich schlaflos dem Regen zuhöre,
der sich davonlügt mit wüstem Geschwätz.
Ade nun zur guten Nacht,
jetzt wird der Schluß gemacht,
und die Propeller des Ahorns pflügen
den weichen Boden mit heißem Begehren.
Die Augen scheuen. Und der Blick, geglättet
von zu vielen nimmermüden Worten,
die sich nie widersprechen,
sucht im Dunkel die unsterbliche Traurigkeit,
um die Ehrfurcht des Staunens zu retten.
Die Nacht trägt zu kurze Kleider,
und ihre Liebe zu dem, was uns schadet,
macht sie dem Tag verdächtig, dem heiligen
Schein über Landschaften, die ich, im Schlaf,
schon aufgegeben hatte.
Wenn die Amseln nicht wären!
Es trauern Berg und Tal, wo ich
viel tausendmal bin drüber gegangen,
an Schlaf war gar nicht zu denken.

Die Helligkeit ist endlich bereit

v

Die Helligkeit ist endlich bereit,
sich dem Dunkel zu öffnen,
wie eine höhere Mechanik es befiehlt.
Vom Wald her höre ich
das trockene Husten der Rehe,
in der kupfernen Dämmerung
lösen die letzten Bindungen sich auf.
Es gibt keine Regeln,
an die man sich halten darf,
das ist die Botschaft
aus der rasenden Zeit.
Über mir, im kindlichen Himmel,
steht ein Hubschrauber,
Armee oder Archäologie, das ist jetzt egal.
Früher haben hier Menschen
gesiedelt; manchmal treten sie
noch heute im Dunkel aus dem Wald
und klappern mit ihren alten Knochen.
Der Boden hat Hitze gehortet.
Die Erinnerung geht in Sprüngen,
damit ihre Füße nicht verbrennen.

Eine alte Geschichte

In einer Pfütze, nach dem großen Regen,
sah ich die Welt. Häuser aus Sandstein
mit blauen Dächern, an deren Wänden
Kräuter dorrten, belebte Wolken,
träge auf den Grund gebettet,
und schmale Straßen, gähnend aufgesprungen,
die mühelos den Himmel faßten
und den kleinen Rest: die Wünsche,
die wie helle Schauer die Oberfläche
dieser Welt durchzuckten. Ich sah
den Wind, wie er mit einem scharfen Schnitt
die Wälder mähte, und sah die Zeit:
versteckt im Hohlraum einer Grotte
wie ein Fisch, den man erst dann bemerkt,
wenn er mit leichtem Flossenschlag
entschwindet. Dies alles sah ich,
und mir gefiel es, nicht das Land
zu sehen, das sich in dieser Pfütze
hätte zeigen müssen, nach dem großen Regen.

Der Weg

Ruhiger Abend. Ich gehe langsam,
laß den Weg, den kurzen, an mir
vorüberziehen, seinem Ende zu.
Die graue Traurigkeit der Buchen.
Ein Wille, der lange sich nicht brechen ließ,
ist längst gebrochen, und der Schotter
unter meinen Füßen erinnert sich
nicht mehr an das harte Geröll,
das einst hier niederging. Grashüpfer
mit frisch gebügelten Flügeln
und Schwärme von Schmetterlingen
wie zarter Rauch über der frischen Mahd.
Mein Großvater wußte, wann und wie
der Schnitt zu machen ist, damit neues Leben
entstehe und das Gespräch nicht ende,
wenn er den Garten verlassen mußte.
Grauschwarz wie ein Maulwurf
steht ein Gewitter über dem Hang,
der Weg geht ungerührt weiter.

Brücke

Nur eine schmale Brücke, die das Dunkel
mit dem Dunkel verbindet. Und ein Licht,
das die Welt auflöst in winzige Punkte,
die wir mühsam miteinander verbinden,
um ein Bild zu erhalten – als hatten wir
ein Recht auf ein Bild mit festem Rahmen.
Von Norden wehen unverständliche Sätze
über den Steg, Kindheitsworte, in Honig
getaucht und in den Wind gehalten,
die wollen uns treffen, hier, auf der Brücke,
die das Dunkel mit dem Dunkel verbindet.
Unter uns nimmt das Wasser den Kieseln
die Schärfe, damit sie weiterkommen
und sich auflösen können im Meer.
Wie winzig ist die Brücke, die deine Augen
verbindet – sie ist wie ein Schrei
über der wortlosen Angst, nicht mehr.

Val verde

*1 x täglich 2 Dragées,
ca. 1 Stunde vor dem Schlafengehen
mit etwas Wasser.*

1

In meinen Träumen regnet es leise und durchdringend,
nur die Bäume schluchzen laut wie Kinder,
die noch nicht sprechen können. Gotische Kirchen
aus Regen, nur die Angst ist romanisch und grau.

Die Zeitungen hat man in Blut gebadet, damit sie

2

weich werden. Einige der Schlagzeilen konnten entkommen,
man vermutet sie an der Stadtgrenze, wo sie noch

durchlässig ist für Lidschlag und Botenstoff.

Das Schöne in Kunst und Natur ist begrenzt,

3

keiner weiß, wie lange es reichen wird.
Und der Roman der Schneeflocke? Erhaben
oder schön? Und der gnädige flüsternde Staub

4

auf St. Peters Schuhen? Zu viele Fragen
für den durchsichtigen Schatten, den mein Leben wirft.

5

Also noch einmal von vorn! Von vorn, bis zum Erwachen.

Der geizige Schlaf

Er will, daß du ihm dich schenkst,
gesättigt vom Krieg. Die Arme geschlossen,
schaut er dich an wie eine zu leichte Beute,
wie ein Werk des Abschieds, ins Leben geatmet.

Auf deine Träume kann er verzichten,
er nährt sich von anderem Stoff.
Du siehst ein Feuer, das sich dir zuneigt,
und aus den Flammen treten Menschen,

die lachen und schwatzen bei brennendem Leib.
Der Schlaf sieht mit angesengten Wimpern
ungerührt zu, wie du den Kopf verlierst
vor seinen Augen.

Setzlinge

Heute wurden unsere zwei Agaven
zurückgebracht, die den Winter über
in einer Gärtnerei um die Ecke
in Pension waren, in einem Treibhaus
zusammen mit vornehmen Pflanzen,
wie sie in unserem Viertel geschätzt werden.
Ich dachte, sie hätten geschlafen
und von Mexiko geträumt oder der Levante,
von müden Eseln und der Stille,
nachdem die Bomben eingeschlagen haben.
Das Gegenteil ist der Fall.
Unter ihren gurkengrünen fleischigen Degen
schauen mehr als zwanzig Setzlinge hervor,
sorglos und neugierig wie junge Katzen.
Entfernen? fragt mich der Gärtner,
der nach nasser Wolle riecht.
Entweder sie werden den Tontopf sprengen
oder alle zusammen eingehen.
Ich bin jetzt achtundsechzig Jahre alt
und kann mich nicht entscheiden.
Ende Oktober wissen wir mehr.

Wer weiß, wie und wann die Vögel sterben?
Die Raben, die unten über den Acker staken
und vor jeder Maus zittern,
was bringt sie dazu, sich im Unterholz
zu verkriechen und den Atem einzustellen?
Und die Finken und Rotkehlchen,
gerade erst dreitausend Kilometer geflogen,
mit geschlossenen Augen, wann sagt ihnen
eine innere Uhr, daß es Zeit ist, die Flügel
für immer anzulegen? Warum sieht man
nie eine tote Eule oder ein Käuzchen?
Hier und da ein Knöchelchen, im Wald,
der widerhallt von dem großen Chor
der überlebenden Vögel. Die Vögel lügen,
sie belügen sich und mich, der ich
hier warte auf ihre kleinen Körper,
damit ich sie begraben kann
in Demut und voller Scham.

Vorortkneipe

Die Situation ist undurchsichtig,
zwei Neonröhren, die keinen Schatten werfen,
ein Kind dreht das Rad der Leere,
es hat mich durchschaut.
Der Kellner ist Araber. Er erzählt
die Geschichte von Mohammed,
der sich hinter einem Spinnennetz versteckte.
Es gibt nachtblaue Schnäpse,
die den Koran überlisten sollen.
Und dann ein Lied. Und alle stehen auf
und weinen.

Über die zu kurzen Reisen

Apokalypse, Nordzucker, neidlose Schafe
vor dürren Weißdornhecken,
wie mit Sütterlinschrift hingekrakelt
auf die abgefressene Schautafel Natur.
Und ein Lächeln, das mir die Worte stiehlt
vor Hamburg. Die Herkunft verschwimmt
in den vergangenen Katastrophen,
die angeblich kostengünstiger waren
als das andauernde Elend. Kaffee,
Bockwurst mit Brötchen, ein Seminar
über die schiefe Ebene für Schlauberger
und andere Optimisten, Schulstoff für Attentäter.
Und endlich das Wasser, die See,
geteert und gefedert, die bucklige Krümmung,
wie eine Klammer um all das Gesagte,
um die unangemessenen Wörter für Glück.

Hotel Europa

Drei Menschen im Fahrstuhl,
die sich krampfhaft nicht sehen,
drei unverständliche Sprachen,
auf drei Stockwerke verteilt,
drei Nächte des Zorns.

Ein langer dunkler Korridor.

Im Fenster gegenüber füttert
eine Frau das Geschrei der Möwen
mit Brot. Mimesis, ein Werk
ohne Fußnoten, war die Rettung.
Wenn du jetzt anrufen würdest,
würde ich dich nicht verstehn.

Hotelzimmer

Als ich, noch im Mantel, mein Zimmer betrete,
ohne Hoffnung auf Einsicht und Schlaf,
sind schon, zur Begrüßung, alle Zimmer
versammelt, in denen ich einst schlief.
Die traurigen Tapeten, die Kunstgeschichte
von ihrer schlechtesten Seite, das Sofa,
in dessen Ritzen noch Romane leben.
Die lustlose Bibel, gebunden in Kunststoff,
mit Eselsohren an den schweren Stellen.
Und auch der ungerührte Spiegel,
der mich nicht erkennen will.
Vor der Tür stehen die Toten.
Sie tun nichts. Sie warten.
Sei nur ruhig, flüstern sie,
bald ist auch dieses Leben ausgestanden.

Stein am Wegrand

Man muß nur einen Stein aufnehmen,
der lange im Gras gelegen hat,
um der Großen Stimme zu mißtrauen.
Jeder Wurm hält für wahr, was er
glauben möchte, und zeigt nicht die Assel,
die ins Dunkle flüchtet, die Angst,
die uns die Welt erschließt?
Nur wir brauchen immerfort Worte,
um zu sagen, was nicht gesagt werden muß.
Schau, wie die Blätter sich krümmen!
Auch sie beteiligen sich an diesem Jetzt,
das gefeiert werden muß oder nicht
in diesem Epos der Stille unter dem Stein.

Und vergiß nicht, den Stein zurückzulegen,
sanft, damit du die toten Tiere nicht tötest.

Der Tod der Birke, 2011

Zuerst wuchs ihr ein Pilz
aus der Hüfte, ein fetter Schwamm,
dann nahm ihr ein Wind die Blätter
und ließ sie achtlos sinken,
zuletzt verlor sie die Farbe.
So stelle ich mir den Abschied vor,
die kleinen Untergänge vor der Zeit.
Heute knickte sie ein.
Der Stein, der ihren Fuß bewachte,
läßt sich nicht aus der Fassung bringen.
Eine neue Zeitrechnung beginnt,
das Jahr eins nach dem Tod der Birke.

Sightseeing

Leicht ist die Luft, ganz ohne Widerstand
läßt sie sich teilen. Du gehst und gehst
und hörst der Zeit zu, die sich im Rhythmus
deiner Schritte bildet. Nicht viel, gewiß,
doch immerhin: der faule Zauber gibt sich
in dieser Luft mit wenig Zeit zufrieden.
Und irgendwo im Niemandsland, wo sich die Stadt
nicht recht entscheiden kann, fallen dir
beim Gehen all die Wörter ein, die du
im Grundbuch deines Herzens (deiner Seele,
deines Lebens, deines Körpers meinetwegen)
festhältst: Offenbarung, Name, Sündenfall.
Die Ampel steht auf Rot. Du läßt dich treiben,
die Zeichen auf den Wänden treiben mit.
Schlachthof, Großmarkt, Autofriedhof, Friedhof,
am Ende dann ein Zoo mit wilden Tieren.
Jetzt kehrst du um.

Fußnote

Wir kommen zurück, die Reste
zu holen: Kissen, Überzug, Laken,
eine Zeichnung, die ungeschützt
über dem Herd hing: *Hermes,
der Totengeleiter,* der vier Jahre
lang das Essen würzte. Noch ist Gott
nicht geboren, die Uhr bleibt hängen,
auch der Spiegel im Flur: wie groß
die Wohnung wird, je mehr sie sich
leert, und wie klein die Zeit,
die in den kahlen Zimmern brütet.
Es ist jetzt dunkel, weil wir
die Lampen entfernt haben, alles
geht sanft durch uns hindurch. Dort,
wo früher mein Schreibtisch stand,
versuche ich auf der Wand eine Notiz
zu entziffern: Dein Zorn ist Liebe,
eine Fußnote in der Geschichte
der Eitelkeit, die noch zu schreiben ist.

Mein Buch

In meinem Buch scheint nie die Sonne.
Unter einem grauen Armeleutehimmel
bittet ein Mann um Erlaubnis,
nach Hause gehen zu dürfen,
weil sein Baum nach ihm riefe.
Mein Leben, lese ich, hat sich verändert,
bevor ich selbst es ändern konnte.
Jetzt betreten wir eine heilige Stadt,
die bei Regen ihre Geschichte erzählt.
Ich hatte sie anders in Erinnerung.
Der Sturm läßt seine Muskeln spielen
und nimmt einem Priester das Wort
aus dem Mund. Stummes Gebet.
In einem Park sehe ich Hölderlin!
Er unterhält sich auf russisch
mit Mandelstam und Dante,
unsicher, sanft und ohne Ungeduld.
In dieser Sprache hört man gerne
von den Niederlagen.

Auf alten Bildern

Hier ein Kopf, eine Stadt, ein Reich,
leicht als Einheit zu denken.
Hier ein Wille, mehr zu sein
als Hand und Fuß und Leib.
Hier eine künstliche Seele,
vom Körper getrennt.
Und nun die Gärten, das Labyrinth,
ein Verlieren.
Am Rand das Heiligtum,
von einer Hand gehalten ohne Arm,
getreu im Detail: empfänglich
für Licht von unten.
Eine Schüssel mit Obst,
ein Tisch, ein Stuhl, ein Bett.
Überall ist dieselbe Zeit,
nur die Bilder kennen die andre,
die tötet.

Dichter zu Besuch

Er kommt unangemeldet, wie immer,
und erzählt die Geschichte vom Fluß,
der seinem Namen entgegenfließt,
ihn aber nie erreicht.

Ich bin der Fluß, sagt der Dichter,
als hätten wir es nicht längst gewußt.
Alles steckt er ein, man muß aufpassen,
sein Appetit auf Dinge ist unersättlich.

Was ihn an Würde erinnert oder
Verehrung beansprucht, ist ihm peinlich,
dann redet er über Wasserflöhe und Schilf.

Drei Tage fließt er durch unser Haus,

und drei Tage schauen wir uns an,
ohne zu wissen, wer wir sind.

Es geht um *diesen* Bach, um *diese* Schnecke,
um ihren Bettelgang von Stein zu Stein.
Es geht um Worte. Um die Fläche einer Hand,
die das Geheimnis hält. Um Märchen geht es,
um den Narr und seinen Becher voller Träume.
Es geht um Dinge, die wir glauben müssen,
die unsre Sterblichkeit bezeugen. Es geht um
Schönheit, Macht, Beschämung. Es geht um das,
was kein Gedächtnis hat: die Schnecke *zweifelt*
nicht an ihrem langen Weg, der Bach
erneuert sich im Fließen: Trug wird Gesetz.

Respekt! Der Tanz der Sündenböcke wirkt
nicht übel in dieser lauen Fernsehnacht.
Da lacht der Skeptiker, und Leichtfuß
freut sich, daß Demokratie doch einen
Inhalt hat. Abtreibung, Osten, Arbeitslose,
alles gebongt, und Frieden machbar,
Eierkuchen! Der Hang zur Kürze,
Zwang zur Dichte läßt befürchten,
daß die Entwürfe nicht verstanden werden,
leider. Doch wenn der Damm bricht, gibts
zu trinken! Bis dahin: Sense. Basta!

Mein Nußbaum

Ich sage: Mein Nußbaum!
So wie ich sage: Meine Überzeugung
oder: Mein Leben. Aber sicher
bin ich mir nicht.
Dieses Jahr gibt es keine Nüsse.
Die Straße der Eichhörnchen, quer
übers Dach und dann über die Buchen
ins Freie, bleibt leer.
Ein leichter Wind kommt auf,
der den Nußbaum informiert
von einem kommenden Sturm.
Es gibt keine Geschichte mehr,
die nicht Weltgeschichte wäre,
also gehört auch mein Nußbaum dazu.
Und ich.

Über Möwen

Man muß Möwen nicht mögen,
besonders dann nicht, wenn sie
wie grämliche Oberkellner am Strand
Wache schieben, bis man endlich,
mundfaul und müde, nach Hause geht.
Aber wer einmal gesehen hat,
wie eine amerikanische Riesenmöwe,
die schon fast wie ein Albatros aussieht,
das dünne Tuch zwischen Himmel und Wasser
kilometerlang passgerecht trennt,
damit die Erde sich darin einrollen kann,
wenn die Sonne sie nicht mehr wärmt,
der wird mit Respekt von diesen Tieren reden.

Über das, was sie reden, kein Wort.

Brief ohne Absender

Jemand schickt mir Fotos,
die uns zeigen, ihn und mich.
Eine Geschichte, die sich erzählt,
ohne daß ich sie verstehe,
als würde mir der Prozeß gemacht
in einem verjährten Verfahren.
Eine Geschichte aus der Geschichte
der Not, die auf etwas hinaus will:
Ich wollte nicht sein, wer ich war,
und will nicht sein, der ich bin.
Im Hintergrund ein Mädchen,
blond und spindeldürr, mit Schorf
auf den spitzen Knien, steil
in den Himmel starrt sie statt
direkt in ein flüchtiges Leben.

Der Strauch

Es gibt einen Strauch in meinem Garten,
der nicht dorthin gehört.
Keiner weiß, wer ihn gepflanzt hat.
Ein häßlicher Strauch, ein paar Stecken,
die lustlos die Luft durchbohren.
Jeden Frühling die Frage,
ob ich ihn rausreißen soll,
keiner wird ihn vermissen.
Aber etwas hält mich zurück.
Nein, weder Mitleid noch Faulheit.
In diesem Jahr erzählt er Geschichten,
wie Vergil sie gern hat und ich.

Nach Regen riecht die Straße am Abend
und nach tiefer Gelassenheit: du bist
gewarnt. Keine Zwiesprache ist zwischen
den Dingen, und deine verletzende Ruhe
hält keine Verbindung zur Welt. Schwer
fällt es, zu den Regeln zu stehen,
die tagsüber Gesetz waren, leicht war es,
ihnen zu folgen. Jetzt drängt etwas
Verschollenes hervor, uralte Erbschaft,
die dich zwingt, einen anderen Weg
zu nehmen. Kein Regen wäscht die Angst
aus der Erinnerung, die Schritt hält.

Auge wollte er sein, ein begehrendes Auge
der ganze ausgemergelte Körper. Als man ihn
tot am Strand von Porto Ercole fand,
hatte er sein Gesicht in den Sand gewühlt,
aus Scham, weil er sich nun ganz gesehen hatte
in seinen Mördern. Bruder Mörder, ich kann mich
in deinen zusammengekniffenen Augen erkennen.
Diese Burschen waren die ersten, die wußten,
woher das Licht kam, nach dessen Quelle man
so lange gesucht. Erleuchteter Caravaggio,
mit Sand in den aufgerissenen Augen: alles
wolltest du sehen, auch dich als Opfer.

In den Schweizer Bergen

Wie ein alter Freund trat der Nebel
auf uns zu, ein stummes, unerwecktes Material,
das uns nach seinen Wünschen formte.
Wir hatten keine Zeit, nach einem Weg
zu fahnden, Bäume gingen vorbei,
gemächlich, wie auf Zehenspitzen,
das Wurzelwerk um die flüsternden Kronen
geschlagen, und Steine, frisch der Erde
entstiegen, zeigten ihren bärtigen Reichtum.
Unparteiischer Nebel, der die Schönheit
des Unsichtbaren preist, den glucksenden Bach
und das schüchterne Piepsen der Vögel.
Nur wir, ohne Augenzwinkern, scheu und verloren,
wir wußten nicht weiter und sahen nur noch
die Hand vor den Augen im Nebel.

Leviathan

Vor meinem Fenster die Hügel, fein abgestuft
die frisch gemähten Felder, die umbrochenen,
nur der Mais steht noch tapfer Spalier.
Hier und da ein Gehöft. Morgens Vögel,
Bussarde und blitzschnelle Turmfalken,
unten fließt ein Bach, der sie anzieht,
und parallel dazu die Straße, voller Leichenteile.
Ein von langer Hand geplantes Bild.
Wenn der Tag sich neigt, fährt Leviathan
auf einem winzigen Traktor die Wege ab
und wirbelt Staub auf. Es ist verboten,
Häuser abzufackeln, auch wenn uns die Flammen,
vom Fenster aus, das Bild erträglich machen.

Nächtliche Einkehr

Wir kehrten ein. Über dem Tisch
hing ein klebriger Fliegenfänger
mit tausend toten Geschichten.
Der Wirt war sprachlos, zu essen
gab es nichts. Einer von uns
sagte: Wir, wir sind noch weit weg
vom Leben. Wir ließen die Flasche
kreisen, sie zeigte auf mich.
In der Ferne konnte man
das sanfte Brummen der Autobahn
hören, es kam immer näher.
Wenn ich mich nicht irre,
sind wir nicht heil geblieben.

Liebesgedicht

Wir sehen uns
das Treppenhaus hinuntergehn,
du zählst die graden,
ich die andern Stufen.
Nach Wachs riecht's hier,
leicht geht es sich nach unten,
der Tee wird schal,
die Öfen kühlen aus.
Die Leere hier zieht an,
das Licht verlöscht
mit einem dumpfen Plop,
geht wieder an:
Die letzte Schicht der Fremdheit
ist wie weggeblasen,
die Spur des Denkens führt
geradenwegs ins Herz.

Im Freien wächst
der Seele ein Gefieder;
und aus der Traum,
der Kopf, er hat uns wieder.

Auf der Treppe

Der Mangel, erzählt sie,
ist dick geworden: Eiweiß,
Kino, Mehlspeisen;
zu kurze Wege, zu große Ziele.
Er ist umgezogen und
langweilt sich
in der neuen Wohnung.
Er erfindet Geschichten
für Familienserien: Auge
um Auge. Seine Stimme ist
dunkel, sagt sie, wenn er fragt;
aber er spricht selten.
Er ist mürrisch und fett.

Die Frau, die liest

Wenn ich an dich denke, sehe ich
eine Frau, die im Schatten liest.
Sie verbirgt eine Sprache unter der Zunge,
die das Dunkel nicht meidet.
Sie liest so leise, daß ich es höre:
»Sie lächelten mir zu, wie Tote lächeln,
wenn sie sehen, daß wir denken,
sie seien nicht mehr am Leben.«
Die Buchstaben stehen auf vor ihr
und verlassen das Buch, das sie liest,
in dem Augenblick, da ich an dich denke.

Das leere Haus

Wie eine Sakristei steht das leere Haus
vor der schweigenden Orgel der Ulmen.
Eine Schule, in der man lernen kann,
wie man Armut erzeugt. Ein Käuzchen
gibt den Ton an. Der Krieg geht ein
und aus, ohne zu fackeln. Es riecht
nach Bohnerwachs und frischem Zimt.
Die Schatten bleiben länger als erwünscht.
In der Ferne das gewaltige Lachen
der See. Und immer, wenn ich schlafen will,
beginnt der Chor mit der Probe.

Meister

In den Dingen
die Augen,
noch vor der Sprache.
Gleich, wo du bist,
du kehrst zurück:
Stein, Schwelle, Haus,
du wirst erwartet.
Es gibt
einen dritten Raum,
neben Innen und Außen:
so bleibst du
am Leben,
immer im Blick.

Einer der Tage, an denen du dich selbst
überzeugen mußt. Vielleicht ist die Tasse
das bessere Argument, eine alte Jacke,
an den Armen zu kurz, oder die Zeit.
Gegen deinen Willen bist du machtloser
denn je: wie ein Schaf in einer Herde
von Schafen, die durch die engen Gassen
eines Dorfes treibt. Nichts mehr bedeuten,
etwas sein. Eine späte Fliege summt
durchs Zimmer, der See ist ruhig,
Tasse, Jacke, Zeit sind unberührt.

Ein Wort gibt das andere

Der See, die stumme Prozession
der Bäume, Regen, Wort für Wort.
Schon zieht die Nacht im Tage auf,
wie der Tod im Leben beginnt,
die andere Geschichte in dieser,
bestimmungslos, aber beständig,
unruhig, aber nicht ohne Ruhe.
Schon verschwimmen die Grenzen,
gehen auf, gehen über.
Nur wir bleiben stehen, unruhig,
suchen das Licht gegenüber,
das ein anderes Licht zerstört.

Ist alles, wie es war? Knirscht
der Boden unter dem Schritt
wie damals? Das Gras-Tagebuch
mit den salutierenden Buchstaben,
immer noch ungelesen? Die Tür –
das eitle Quietschen wie früher –
gibt zu schnell nach, zu leicht
betritt man den Flur, öffnet
die Fenster: das Wasser wechselt
die Farbe, der Mond nimmt ab.
Wir nehmen den anderen Weg.

Zu spät

Es ist schon nach Mitternacht,
die Zeiger der Uhr atmen durch.
Eine Schnecke macht sich auf
und nimmt die aschgrauen Worte mit,
bis das Papier wieder weiß ist,
eine Landkarte der Leere.
Mir bleibt keine Zeit.
Wie Wasser, das im Frühjahr
aus dem Stein tritt, sickert
das Frühlicht herein.
Hellwach gehe ich schlafen.

Zurück

Der Schlaf will dich nicht,
Den Hunger hast du vergraben,
Das Auge enttäuscht den Blick.

So betrittst du die Stadt
Wie im Traum: Hast du je
Hier gelebt? Ein belagertes Haus
Versperrt dir den Weg. Wirf
Die Tür zu, sonst ertrinkst du
In einer Geschichte, die dir
Gehört, der du nicht gehörst.

Schlaf. Nimm etwas zu dir.
Dein Auge bricht jeden Widerstand.

Mein Schreibtisch in Allmannshausen

Im Haus nebenan, wenn man den Hang hinauf geht,
hat Mussolinis Außenminister gelebt,
bevor man ihn nach Italien brachte und aufhängte.
Und ein Haus weiter Hitlers Lieblingsdichter
Hanns Johst, dem hier offenbar die Worte zuflogen.
Ich schaue auf Kühe, Eichhörnchen und Pferde,
bei offenem Fenster höre ich die ferne Autobahn.
Man wird nicht dazu angehalten,
dem Menschen Gutes zu unterstellen.
Wenn die Sonne sinkt, sehe ich mich
im Fenster, aber natürlich können auch Spiegel irren.

Im Augenblick vor dem Gewitter,
in der vollkommen leeren Sekunde,
bevor der Regen das Land besetzt
und der Blitz dich kenntlich macht,
wenn plötzlich die Gespräche
abbrechen, wenn man nicht weiß,
mit was sich die Leere füllen wird,
wenn alle Erinnerungen spurlos
verschwunden sind und du nicht mehr bist:
In dieser Sekunde mußt du ins Wasser
gehen, und das Wasser geht durch dich hindurch.

Der Apfelbaum

wird geschnitten, noch hängen
zwölf Äpfel im Geäst.
Eine Krähe hält mir
den Tod vom Leib.
Die schweren Schritte des Denkens
im Gras.
Ich selbst habe Redeverbot.
Was nicht zur Sprache kam,
verwelkt lange im Schatten.

Krähenbeißer

Krähen, erzählt einer,
der den Krieg überlebt hat,
muß man mit dem Holz
der Kiefer kochen,
das bindet die Gifte.
Und Sauerampfer dazu,
der von den Tieren verschmäht wird.
Unverständlich ist die Ordnung
der Welt im Frieden.
Wir sitzen im Freien und bestaunen
den Sonnenuntergang.
Die Krähen auf der Kiefer
haben das letzte Wort.

Ein glücklicher Mann, Zeichensetzer selbst,
von den Göttern geführt, die am Werk er sah
überall: auf der Schwelle, in den Büchern,
selbst in der Zeitung zwischen den Zeilen.
Nicht besessen, weil unfähig zum System,
das er nur liebte als Spiel. Keine Festschrift
für diesen Spätling. Nur in den Träumen,
die wie treue Hunde ihm folgten, sah er
die Machenschaften des Schicksals: Stolper-
drähte zwischen den Zeichen, über die er
fiel. Und nie ein Netz beim Erwachen.

Dämmerung im Herbst

Die Rufe der Wildtauben verstummen,
und schon ist es kalt unter den Bäumen.
Aber ich höre sie atmen. Alles,
was sich auf uns bezieht, wird kleiner,
und auch wir selbst schrumpfen
im Blätterfall. Wir sind nicht mehr
einer unter vielen. Doch gibt es
das Auge des unparteiischen Zuschauers,
das sich zeigt, wenn die Äste kahl sind.

Eben noch standen wir lachend unter den Kandelabern der Tannen und bewunderten den silbrigen Frost, der die Äste bekleidete, da fiel plötzlich Nebel. Immer unvollständiger war nun der Himmel, die Bilder schmolzen vor unseren Augen. Wie Rauch war die Atmosphäre, undurchdringlich und weich. Wir blieben angewurzelt stehen und warteten auf das Urteil.

Stilleben

Streichhölzer, abgebrannt,
und Schuhe, die nicht gehen wollen,
Auslaufmodelle.
Die Gardine weht hell nach Westen.
Aus den Klöstern der Nacht
unklare Stimmen.
Wieder ein paar Worte weniger,
und der Mund wird schmaler,
wie schwer gekränkt.

Zu kalt war das Haus,
mein hauchdünner Schlaf
konnte die Schindeln nicht wärmen.
Über den See war ich gerudert
mit den letzten Vögeln,
die hatte das Schweigen verjagt.

»Warum hältst du die Hühner
auf dem Dach?« fragte ich
den Großvater.
»Würden sie unten leben«,
war seine Antwort,
»müßten sie Steine
fressen, hier oben fressen sie Licht.«

Kein Haiku

Eine tote Amsel
vor meinem Fenster.
Ich warte eine Stunde
auf die Umstellung
der Zeit.

Ein flüchtiges Testament

Wie war's?

Wir saßen zu lange zusammen, wie immer
wenn es um Kunst und Leben geht.
Jeder hatte etwas zu sagen,
jeder hielt etwas zurück.

Einer stand auf. Stand mit beiden Füßen
zwischen Erde und Himmel, wort-
und hilflos, als wollte er
seine Ohnmacht beweisen.

Über uns – wir saßen im Garten –
bildeten die Vögel eine zitternde Leiter,
die leicht und beweglich
in den Wolken verschwand.

Bewerbung

Ich habe nichts zu verbergen:
die Müdigkeit ist angeboren,
die Augen schon immer eine offene Wunde,
mein Lebenslauf ist verlorengegangen
auf früheren Arbeitsstellen.
Mein Ich nennt die Neigung,
sich aufzulösen, einen Sieg
der Trauer über den Schmerz.
Mein einziges Geheimnis
ist zahm wie ein alter Hund,
es tut keinem weh und bleibt
fremden Blicken entzogen.
Ich bin noch zwanzig Jahre tauglich,
danach nur bedingt.
Es bleibt ein Rätsel,
daß Menschen zusammenleben,
ohne um Nachsicht zu bitten
für diesen unhaltbaren Zustand.

Terminkalender

Ich weiß schon, was mich, außer Regen,
im November erwartet. Die Zukunft kennt
keine Lücke, auch die Sonntage belegt
bis in den September. Man muß ein Kind
sein, um sich auf den April zu freuen,
und auch der gemessene Mai ist voll
von falschen Erwartungen. Der Juni?
Vollgeschmiert von den Skrupeln,
den Begleitumständen des Lebens.
Stundenweise verbraucht sich
meine Zeit, auch im August. Bleibe ich
am Leben, werden wir uns im Dezember
sehen, vergiß nicht, was du mich fragen
wolltest. Ein Tag ist noch frei,
kurz vor dem Ende des Jahres.
Immer wird der Wunsch bleiben,
nicht wissen zu wollen, wann uns
das Unglück erreicht, das nicht
im Kalender steht.

Es beugt der Tod sich, *und das Licht will siegen,*
ein leichter Sieg nach diesem langen Winter.
Die erste Sonne bleicht die Seiten, löscht
die Schrift; die Zahlen fliehen in das Innere
der Bücher. Ein leichter Wind, der in den Seiten
blättert, freiläßt, was sie bargen:
die Galerie der Fratzen, bitterste Zerknirschung
und ein Wörtchen Zukunft, Eitelkeiten,
die winters aus der Feder flossen. Schöne Sätze –
und ein vager Schmerz, der sich nach Außen frißt.
Das Licht verlöscht, der Tod wird siegen.

**Rede des Dichters
über einen anderen Dichter**

Ich hatte ihn lang nicht gesehn.
Früher lauerte der Haß in ihm,
ging auf und verrauchte
in seinen kostbaren Worten.
Dann gab er sich alle Mühe,
vergessen zu werden, vergeblich.
Zum Siebzigsten »Gesammelte Werke«.
Schließlich verlor er den Glauben
und schrieb wieder Gedichte
über die ursprüngliche Trauer.
Sein Schmerz, schrieb er,
passe auf das Blatt einer Feige.

Dann sah ich ihn wieder.
Ganz verzerrt war sein Gesicht
von der Anstrengung,
den Tod erträglich zu finden.

Nachrufe

Er schrieb die Geschichte
des Schattens, den Gott
auf die Bücher warf.
...
Er starb
an unstillbarem Deutungshunger.
Bloßes Leben
machte ihn nicht satt.
...
Er hatte sich
als Nachfolger durchschaut.
Das ließ ihn
nie wieder los.
...
Keiner Schule angehört,
keine Schule gemacht.
Immer geschrieben.
...
Zu lange schrieb er
an einer Melodie des Scheiterns.
Als sie gesungen wurde,
legte er Hand an sich selbst.
...
Gut lebte er
von den Ideen der anderen.
Bundesverdienstkreuz,
Festschrift, Doktor h.c.
Als er unsere Verzweiflung plagiierte,
war es mit unsrer Geduld vorbei.

...
Metaphern waren für ihn
unsichere Kantonisten.
Gut gekleidet, aber ohne Biß.
Kein Staat mit zu machen.

Auch der Tod ist nur eine Anspielung auf das Leben

Du fragst mich, wie der Wunsch
auf die Welt kommt, der unbewohnte
reine Wunsch, der sich nicht füttern
läßt mit der Idee vom wahren Leben.
Der nicht herausfällt aus den ein-
gesessenen Augen und vor dir sitzt
und auf Befehle wartet. Der für ewig
getrennt ist von deinem Körper,
der keine Aussagen macht über dich
und dein aufgeräumtes Leben. Der Hand
an die Träume legt und nicht versponnen
ist in die Farbe der Hoffnung.
Der das Jahrhundert bespringt, bevor
es sich aufgibt. Im Namen der Zeit
soll er reden, im Namen des Wassers,
im Namen des Großen Stromes. Aus
der Erde soll er springen und die Welt
soll er schlaflos machen ohne Anruf.
Was soll ich dir sagen? Der Wunsch,
eine Antwort zu kriegen, erstickt
für immer die Quelle. (Du weißt doch,
auch der Tod ist nur eine Anspielung
auf das Leben.)

Auszug

Jetzt sind die Zimmer leer, die Koffer
stehen im Flur neben mürrischen Kisten,
in denen Bücher mit Zeitungen kämpfen.
Ein ungleicher Kampf: Papier gegen Papier,
die Fortsetzung einer alten Tragödie.

Wie stark die Leere riecht! Eine Fliege
dreht ihre Runden und fotografiert,
ein Engel mit schwarzer Fahne,
vernarrt in seine summende Liturgie.
Auf dem Fensterbrett eine Münze
der alten Währung, die alles bezahlt.

Kein Stuhl, kein Bett mehr bittet um Nachsicht,
sogar die Erinnerung hat sich verkrümelt
wie die Schaben. Hat hier einer gelebt?
Bald wird der Abend einziehen
und den Abdruck der Bilder löschen,
die wir abgehängt haben,
um sie nie wieder aufzuhängen.

August Garcke: Ehrenpreis

1

Den thymianblättrigen Ehrenpreis hat er in der Wetterau und einmal unter Klee bei Rüdesheim in Menge gefunden: eiförmige Blätter, etwas gekerbt, die blütenständischen lanzettlich. Blaue Krone, ziemlich flache Kapsel. Familie der Scrofulariaceae.

2

Andere Gattungen der Familie – allesamt mit offenem Kronschlund, manchmal durch Einstülpung der Unterlippe geschlossen – fand er bei Bieberstein im Erzgebirge, in Schlesien bei Bohrau-Seiffersdorf unweit Stiegau, bei Königszelt, Rohnstock, Bolkenhain und Jauer. Den Fels-Ehrenpreis nur an grasreichen Orten der Vogesen auf dem Hohneck über dem Schießenroth-Ried und Wolmsa. Im Kessel des Mährischen Gesenkes stand der ährige, im Tobel von Hochbodman der nesselblättrige Ehrenpreis, stellenweise gemein.

3

Der größte Teil der Orte hat heute keine Postleitzahl mehr.

4

Ehrenpreis ist eine mittelgroße Familie, von meinem Urgroßonkel August Garcke zusammengehalten. Er war Doktor der Theologie, hielt sich aber, der unliebsamen Streitigkeiten unter den Theologen müde, bald an die Pflanzen. Seine Bibel war die »Illustrierte Flora von Deutschland«, sein Gott hieß Linné und kam aus Schweden. Er hat ihn nie verraten.

5
Von einer Nemesis Divina in seinem Nachlaß ist nichts bekannt.

6
In der Regel trat er seine Wanderungen bald nach Mitternacht an und hatte, wenn der Morgen anbrach, schon einen Weg von etlichen Meilen zurückgelegt. In Böhmen am Eichbusch bei Kommotau, am Hoppelberg im Harz, am Lindberge und am Bischofsberge bei Halle, seltener in Thüringen am Kaffberge bei Wandersleben und im Steiger bei Erfurt fand er den unechten Ehrenpreis mit seinen einfach gesägten Blättern, den ziemlich lockeren Trauben und den rundlichen, ausgerandeten und gedunsenen Kapseln.

7
Dem Menschen ist ein unruhiger Sinn gegeben, von der Neuheit der Dinge begeistert.

8
Im Juni 1871, als der Krieg mehr oder weniger gewonnen, wurde er zum außerordentlichen Professor an der Universität Berlin ernannt und zu seinem 50jährigen Doktorjubiläum mit dem Kronenorden 3. Klasse sowie zu seinem 80. Geburtstag durch den Charakter als Geheimer Regierungsrat ausgezeichnet.

9
Veronica praecox Allioni, der frühe Ehrenpreis, fehlte im Königreich Sachsen und dem größten Teile des östlichen Gebiets. Der Onkel, 1819 in Bräunrode bei Mansfeld in der Provinz Sachsen als Sohn des Oberförsters geboren, hat nicht angegeben, an welchem Ort er ihn entdeckt hat, aber er muß ihn dort gesehen haben, wo man noch deutsch sprach. Seine Flora ist ein deutsches Lehrbuch

zum Gebrauche auf Exkursionen, in Schulen und zum Selbstunterricht.

10
»Wir werden wie der unparteiische Jurist verfahren, die Frage feststellen und die betreffenden Tatsachen aufzählen. Wir müssen die Natur fragen, ob es sei oder nicht sei. Wer mit vorgefaßter Meinung beobachtet, der gibt sich der Täuschung hin.« Schrieb einer seiner Vorgänger in Berlin, ein Spezialist für Schatten.

11
Liebte er dennoch manche Orte und Pflanzen mehr als andere? Oder war vor seinem botanischen Auge alles und jedes gleich? Ein Beispiel: Steinige, schattige Orte der Gebirge, selten. Nicht bei Birkenfeld an der Nahe und nicht bei Rudolstadt, aber im Unterharz bei Rübeland, am Uhusteine bei Einsiedeln, bei Jägerndorf; am Milleschauer bei Teplitz häufig, auf dem Schemnitzstein bei Karlsbad. Hin und wieder eingeschleppt. Auf feuchten Triften fand er den Dillens Ehrenpreis mit seinen fleischigen, trübgrünen Blättern, unterseits meist rot überlaufen, auf Sandplätzen den quendelblättrigen Ehrenpreis mit den bläulich-gestreiften Kronen.

12
Seine Vorgänger am Königlichen Herbarium hießen Johannes von Hanstein und Adelbert von Chamisso. Das Bestehen jeder Art beruht auf dem Bestehen vieler anderer Arten; jede wird durch andere erhalten, durch andere beschränkt und erhält und beschränkt wiederum andere. Irdische Ordnungsliebe, das trifft auch auf ihn zu. Im Oktober 1866 übernahm er die Redaktion der Linnea: Ein Journal für die Botanik in ihrem ganzen Umfange.

13
Mein Exemplar der »Flora«, in der Piererschen Hofbuchdruckerei in Altenburg 1912 gedruckt, trägt den Stempel der Städtischen Höheren Mädchenschule in Straßburg (Lehrer-Bibliothek. B I, XII. 117).

14
Am 10. Januar 1904, wenige Monate vor der Geburt meines Vaters, schloß er die milden, freundlichen Augen, aus denen eine edle Kinderseele der geliebten Pflanzenwelt entgegenstrahlte. Er war unverheiratet geblieben, war anspruchslos und sparsam, selbstlos und bescheiden gewesen. Auch mit Freunden und Kollegen pflegte er keinen näheren Umgang. Sein Leben darf, mit dem Psalmisten, ein köstliches genannt werden.

15
Viele Ausnahmen finden statt. Die meisten sind dem Verkümmern, wenige auch dem Überwuchern der Teile zuzuschreiben, sie sind nur scheinbar; sie werden verschwinden und sich unter das Gesetz fügen, sobald wir sie nicht vereinzelt, sondern in ihrem natürlichen Zusammenhange betrachten und auf die Verwandlung der Form durch die Reihe der Pflanzen aufmerksam sind.

Heute alles vorbei und vergessen.

In deinen Ohren,
Wächter des Waldes,
möcht' ich dir liegen.
Der Qual vergessen
im fellgrauen Flaum.

Nachweise

Reginapoly. Gedichte. Hanser. München und Wien 1976
Unterhaltungen kurz vor der Grenze (für Urs Widmer), Archäologie; Vor dem Essen. Vier Uhr früh; Schau wie der geht (Reginapoly. 2. Im Winter, im Süden, 1. Schau, wie der geht); Besichtigung eines fertigen Gebäudes auf dem Weg an den Tegernsee; Gedicht über einen Spaziergang am Stausee und über Gedichte; Widmung; Wie es so geht; Der erste Besuch nach Jahren; Auf der Treppe

Diderots Katze. Gedichte. Hanser. München und Wien 1978
Die Katze ist tot; Liebesgedicht (Liebesgedicht 3)

Lidas Taschenmuseum. Gedichte. Pfaffenweiler Presse. Pfaffenweiler 1981
Um 1610

Aus der Ebene. Gedichte. Hanser. München und Wien 1982
Sommersprossen; Im Museum; Elegie; Istanbul erinnernd; Fußnote; Zurück; Auch der Tod ist nur eine Anspielung auf das Leben

Die Dronte. Gedichte. Hanser. München 1985
Über eine Fliege; Ein Vortrag; Eine Frau; Eine Vorrede; Eine Unterhaltung bei Regen; Eine römische Geschichte; Ein Waldbrief; Eine alte Geschichte (Eine alte Geschichte I); Auf alten Bildern; Nach Regen riecht die Straße (Römischer Winter 5); Auge wollte er sein (Römischer Winter 15); Meister; Einer der Tage (Ambach 15); Im Augenblick vor dem Gewitter (Ambach 11)

Zoo. Gedichte. Pfaffenweiler Presse. Pfaffenweiler 1986
Sightseeing

Idyllen und Illusionen. Tagebuchgedichte. Klaus Wagenbach. Berlin 1989

Wenn du die Treppe hinaufgehst; Wieder läuft der herrenlose Hund vorbei (1 Wieder läuft 2 Heute bleibt 3 Ich bleibe sitzen); An einem dieser stillen Tage (1 An einem dieser 2 Ich ging zum See); Es geht um diesen Bach; Respekt!; Ist alles, wie es war?; Ein glücklicher Mann; Es beugt der Tod sich

Kurz vor dem Gewitter. Gedichte. Suhrkamp. Frankfurt am Main 2003
Wo ich geboren wurde; Besuch in Vilnius (für Antanas Gailius); Der Hohlweg; Rede des Reisenden; Brücke; Der geizige Schlaf; Leviathan; Nächtliche Einkehr; Die Frau, die liest; Zu spät; Wie war's?; Bewerbung; Terminkalender; Nachrufe; Auszug; August Garcke: Ehrenpreis

Unter freiem Himmel. Gedichte. Suhrkamp. Frankfurt am Main 2007
Kaum hat man die nebligen Regionen (Danach), Es ist nichts passiert, Große schwarze Vögel (Meditationen unter freiem Himmel 10); Dorfkino; Die Helligkeit ist endlich bereit (Meditationen unter freiem Himmel 1); Val verde; Wer weiß, wie und wann die Vögel sterben? (Meditationen unter freiem Himmel 16); Über die zu kurzen Reisen; Dichter zu Besuch; In den Schweizer Bergen; Das leere Haus; Ein Wort gibt das andere; Der Apfelbaum; Dämmerung im Herbst; Eben noch (Meditationen unter freiem Himmel 5); Zu kalt war das Haus; Warum hältst du die Hühner; Rede des Dichters über einen anderen Dichter; In deinen Ohren (Lobrede auf ein Kaninchen, für Klaus Wagenbach)

Ins Reine. Gedichte. Suhrkamp. Berlin 2010
Ins Reine, Späte Lektüren; Nächtlicher Garten; Der Weg; Vorortkneipe; Hotelzimmer; Stein am Wegrand; Mein Buch; Mein Nußbaum; Brief ohne Absender; Der Strauch; Stilleben

Umstellung der Zeit. Gedichte. Suhrkamp. Berlin 2013
Wie Gedichte entstehen; Gedicht; Claude Simon; Setzlinge; Hotel Europa; Der Tod der Birke, 2011; Über Möwen; Mein Schreibtisch in Allmannshausen; Krähenbeißer; Kein Haiku

Inhalt

Wie Gedichte entstehen

Wie Gedichte entstehen 11
Wenn du die Treppe hinaufgehst 12
Ins Reine 13
Es ist nichts passiert 14
Große schwarze Vögel 15
Späte Lektüren 16
Gedicht 17
Claude Simon 18
Über eine Fliege 19

In diesem Haus ist Platz für vieles

Unterhaltungen kurz vor der Grenze 25
Archäologie 31
Wo ich geboren wurde 36
Vor dem Essen. Vier Uhr früh 40
Sommersprossen 43
Schau, wie der geht 47
Besichtigung eines fertigen Gebäudes auf dem Weg
an den Tegernsee 50
Gedicht über einen Spaziergang am Stausee
und über Gedichte 53
Widmung 56
Ein Vortrag 58
Eine Frau 60
Wie es so geht 63

Im Museum 65
Eine Vorrede 68
Der erste Besuch nach Jahren 70
Eine Unterhaltung bei Regen 72
Die Katze ist tot 74
Elegie 76
Wieder läuft der herrenlose Hund vorbei 78
Um 1610 80
Istanbul erinnernd 82
Besuch in Vilnius 84
Eine römische Geschichte 86
Der Hohlweg 87
Ein Waldbrief 88
Rede des Reisenden 89
An einem dieser stillen Tage 90
Dorfkino 91
Nächtlicher Garten 92

Die Helligkeit ist endlich bereit

Die Helligkeit ist endlich bereit 95
Eine alte Geschichte 96
Der Weg 97
Brücke 98
Val verde 99
Der geizige Schlaf 101
Setzlinge 102
Wer weiß, wie und wann die Vögel sterben? 103
Vorortkneipe 104
Über die zu kurzen Reisen 105
Hotel Europa 106

Hotelzimmer 107
Stein am Wegrand 108
Der Tod der Birke, 2011 109
Sightseeing 110
Fußnote 111
Mein Buch 112
Auf alten Bildern 113
Dichter zu Besuch 114
Es geht um diesen Bach 115
Respekt! 116
Mein Nußbaum 117
Über Möwen 118
Brief ohne Absender 119
Der Strauch 120
Nach Regen riecht die Straße 121
Auge wollte er sein 122
In den Schweizer Bergen 123
Leviathan 124
Nächtliche Einkehr 125
Liebesgedicht 126
Auf der Treppe 127
Die Frau, die liest 128
Das leere Haus 129
Meister 130
Einer der Tage 131
Ein Wort gibt das andere 132
Ist alles, wie es war? 133
Zu spät 134
Zurück 135
Mein Schreibtisch in Allmannshausen 136
Im Augenblick vor dem Gewitter 137
Der Apfelbaum 138

Krähenbeißer 139
Ein glücklicher Mann 140
Dämmerung im Herbst 141
Eben noch 142
Stilleben 143
Zu kalt war das Haus 144
Warum hältst du die Hühner 145
Kein Haiku 146

Ein flüchtiges Testament

Wie war's? 149
Bewerbung 150
Terminkalender 151
Es beugt der Tod sich 152
Rede des Dichters über einen anderen Dichter 153
Nachrufe 154
Auch der Tod ist nur eine Anspielung auf das Leben 156
Auszug 157
August Garcke: Ehrenpreis 158

Nachweise 165